成長神話という

煩悩から
いかにして
金融は
解脱すべきか

野﨑浩成

Discover

はじめに

閉塞感と不満の7つのキーワード

今世紀に入ってから、耳にする機会が増えたキーワードを並べてみましょう。

□デフレマインド
□草食男子
□若者のクルマ離れ
□少子化と人口減少
□マイナス金利
□新自由主義の終焉
□反グローバリズム

最初の4項目については日本のいまの世相を反映し、後の3項目については閉塞的な経済情勢と自由主義的色彩の強い資本主義経済に対するキーワードです。相互に関連性の高い項目もありますが、「草食男子」と「マイナス金利」「反グローバリズム」など、一見、無関係なものも含まれています。

じつは、現在の世界を表現したこれらの項目こそが、人類の将来を読み解くうえでのキーワードなのです。

いずれの言葉もポジティブというより、ネガティブな響きがあります。人のマイナス思考や経済状態の閉塞感、これまでの世界の成り行きに対する不満を表現した言葉なので、当然のニュアンスといえるでしょう。

「デフレマインド」は、デフレ経済が馴染みきってしまっているため買い控えなどの行動を取ってしまう消費者心理などを指します。「草食男子」は、恋人をもちたがらない、がつがつしない男性を指した言葉ですが、これは男性ばかりではなく女性を含めた若い世代全体としての傾向を表します。その証左として、異性との交際への意欲が必ずしも高くないアンケート結果などがメディアで取り上げられます。

これら2つの要素が、自動車のかっこよさに惹かれない若い世代、そして晩婚化や成婚率低下などによる「少子化」につながっていきます。

これらとは次元が異なりますが、「マイナス金利」は、欧州中央銀行や日本銀行が採用した金融政策で、実質金利を引き下げることで投資を刺激するための政策手段であり、さまざまな批判にさらされています。

「新自由主義」とは、政府の役割を重視したケインズ的な政策から、市場メカニズムを重視した経済システムへの転換を進めた経済学的な基本思想です。簡単にいえば、政府の役割を小さくし、規制緩和により民間に活力を与えることで経済を活性化しようというものです。これがリーマンショックを象徴とする市場の暴走をよび、再び政府の介入を求める声があがってきているため、「新自由主義の終焉」を唱える社会学者や経済学者の声が高まりつつあるのです。

そして、イギリスのＥＵ離脱やトランプ旋風に象徴される「反グローバリズム」、つまり国際間の、自由な財やサービス、労働の移動への反感です。経済統合を進めたＥＵは、ヒト・モノ・カネの自由な移動を可能とすることで欧州経済の活性化を図った一方、移民労働者との雇用競争、競争力の低い産業の衰退などの副作用が、人々の不満の高まりに拍車をかけました。

本書では、これらのキーワードはネガティブなものではなく、私たち人類が将来的にも安定した世界を維持し続けるために「必要な変化」であることを示していきます。「必要な変化」であることを認めるには、ネガティブという印象をもったすべての人の、価値観の大転換が必要となります。

「成長神話」からの「成長」

価値観の大転換の第一は、私たちが正しいと考えて疑わない「成長が大切」という価値観の転換です。日本をはじめとする多くの国では、選挙における最大の争点は経済成長のための政策です。しかし、当たり前に感じている既成概念を見つめ直す時期が来ているのです。

世界自然保護基金（ＷＷＦ）とＮＰＯ団体のグローバル・フットプリント・ネットワークが試算したデータによれば、２０３０年には、その時代に応じた人口とライフスタイルを維持するためには「地球が2個必要」である、という事実があります。

経済活動は、ある程度の地球環境の犠牲をともないます。ここでいう地球環境とは、森林資源や生物の多様性をはじめとする生態系ばかりではなく、自己浄化を続けてきた環境の再生能力などを含む幅広い概念です。人口増加ばかりではなく、1人当たりの経済活動の増加により、環境に対する負荷は乗数的にふくらんでいます。


これにともない、地球環境が人類を支える力は減退していくのですが、人間の寿命を超えた長期間をへてゆっくりと減耗を続けていくため、「地球が2個必要」な状況であっても、すぐに人類が滅亡するような危機に直面するわけではありません。が、地球環境の自己回復力を超過する消費と破壊を繰り返せば、私たちが次に生まれ変わってきたときには（輪廻転生に違和感を覚える方は、自分たちの遠い子孫と置き換えてもかまいません）、目も当てられない状況になっているかもしれないのです。

これに対して、デフレマインドやクルマ離れ、少子化は、1人当たりの経済活動の減少と人口減少によるマクロでの環境負荷を引き下げてくれるものです。

私たちが気づかぬうちに縛られている「成長神話」から「成長」をはたして、新しいフェーズへと転換していくことを本能的に体現したものが、こうしたキーワードに織り込まれているのではないでしょうか。

これに加えて、貿易を自由化し推進することが善であるという意識も変える必要があります。現代経済学では「交易は生活を豊かにする」ことが、十大原則でかかげられています。これが経済学の共通認識となり、自由貿易が世界的に拡大してきました。

貿易推進の結果として、海外の財やサービスが安く入手できるようになる一方で、消費を刺激すると同時に輸送にかかわるエネルギーの浪費するなど、必要以上に環境負荷の大きい取引が拡大しました。

反グローバリズムは、閉鎖性やナショナリズムをあおる表現として使われますが、この動きを巻き戻す方向での一翼を担う可能性があります。

経済学的な観点からは、比較優位の原則のもとで、世界の消費者と生産者の総余剰（効用や利益の総和）を、閉鎖システムから拡大してくれる役割を担うのが貿易です。「効用」、つまり人々の幸福感を増やす観点からは自由貿易は重要な存在です。しかし、いつの時代の効用を増やすかといえば、「現在の人々の」ということになります。

私たちが「現在の幸福」を希求することは大切なことです。しかし、そろそろ超長期的な人類の幸福を再考する時期ではないでしょうか。

「現在世代」と「将来世代」とのフェアな分配とは

価値観の大転換の第二は、個人も会社もそれぞれ効用（満足感）と利益の極大化を目指して行動しますが、これが将来的な効用や利益の合計値の極大化には必ずしもならないということです。


今日の消費による満足の大きさが100で、消費による（環境破壊などを通じた）将来のコストも100とします。時間的な価値を度外視すれば、「チャラ」となるため、全体のネット効用はゼロになります。

しかし、今日の100万円は1年後の100万円とは価値が違うと、数学や経済で学んだことがある方もいるでしょう。そう、現在価値と将来価値の議論です。たとえば、金利水準が10％であれば、1年後の価値は110万円となります。ですから、金利水準が高ければ高いほど、現在の価値（あるいは、いま感じる幸福感）の将来価値はふくららむこととなります。

反対の見方をすれば、将来の価値（あるいは、子孫が感じる幸福感）を、いまに換算した現在価値は、金利が高いほど小さくなります。「将来の子孫たちにもいまの私たちと同じ幸福感を味わってもらいたい」と公平に考える善意の人がいたとします。善意の人は自分と10年後の子孫とが、それぞれ100万円の幸福を味わうことを考えます。その場合、金利が10％であれば、自分には100万円、10年後の子孫には38万円だけ残せばいいのです。

さらに、10年後ではなく100年後の世代とのフェアな分配を考えます。この場合、いまを生きる自分は100万円を使い、100年後を生きる子孫にはわずかに72円だけ残せばいいのです。金利が高ければ高いほど、そして時間軸が長ければ長いほど、将来の価値は過小評価されてしまいます。

これが「複利計算の悪魔」です。サラ金が怖いのは、たんに金利が高いからではなく、利息が利息を生んで雪だるま式に借金がふくらむからです。

合理的な人ほど、現在と将来の価値の翻訳を複利計算で行います。このため、超長期間における人類の繁栄の総和を最大化するような、高邁な理想に基づく政策を選択する場合においても、将来におけるコスト負担を過小評価してしまうのです。

さて、そこでマイナス金利の登場です。マイナス金利の世界では、現在の価値と将来の価値が逆転します。マイナス金利政策は将来の価値を再評価してくれる政策なのです。消費による効用が100で、将来のコストが100であれば、将来コストを現在の価値に引き直すと100以上になってしまいます。そうなれば、現在の消費は取りやめたほうがよいという結論となるのです。

ある意味で、金利の水準というのは、現在世代と将来世代との世代間闘争における消費の分配の「テコ」の役割をはたします。金利が高ければ、将来価値は軽くなり現在への消費の配分が大きくなります。逆に金利がマイナスであれば、将来の価値が現在以上に高まるのです。

これまでのプラスの金利は、現在における大量消費の免罪符のような役割をはたしてきました。現代は、地球環境への慮《おもんぱか》りと持続可能性の確保のための検証を行う、絶好のタイミングの到来であるといえます。

「超長期的な人類の繁栄」に解はあるのか?

世の空気は、つねに左右に振れながら適正な点を目指す方向に流れます。不況による需要の不足を公共投資で刺激するケインズ的な政策が、大戦後の経済復興から東西冷戦下における経済の安定に向かうなかではポピュラーな考え方となりました。その後、政府の過度な介入が市場メカニズムに歪みをもたらすほか、財政の不均衡、官業の民業圧迫などの批判もあり、レーガノミクスに代表される「小さな政府」を目指す新自由主義が台頭し現在にいたっています。

しかし、冒頭で述べたとおり、現在では新自由主義に対する風あたりが強まっています。これは、金融規制などの劇的な緩和の結果としてリーマンショックが発生するなど、明示的なショックの存在ばかりでなく、市場主義がもたらす格差の問題が人々の不満を増長したためでもあります。

同時に、市場メカニズムにすべてを委ねることになれば、いつかは経済システムが破たんを来すことを本能的に感じ取った結果とも受け取れます。先ほど「超長期的な人類の繁栄の総和」と述べましたが、そもそもそういった解は市場メカニズムが導けるものではありません。人間の寿命をはるかに超える超長期における視点に立った幸福の追求が難しいからです。

政府の関与が必要な「市場の失敗」は、一般教養レベルの経済学で登場します。その1つが「外部性」で、公害による環境破壊などは、企業の経済活動に付随した地球環境の消費をわかりやすく表現する負の外部性の例です。

政府は、温室効果ガスの排出権の売買などを通じて、政府の関与を限定しながら、市場メカニズムのなかで外部性の問題の解消する試みをしてきました。これを経済学では「内部化」とよびます。しかし、環境的な負荷は二酸化炭素の問題ばかりではありません。新自由主義の終焉の文脈では、さらに網羅的な政策関与が必要となるでしょう。

理想論は聞き飽きた

「言いたいことはわかるが、ではどうしたらいいのだ」という声が聞こえてきます。観念的には理解できても、実際に人類を軌道修正させる手立てがあるのかという疑問です。

世界では温室効果ガス削減に対する国際合意への試み、ＮＧＯやＮＰＯからのはたらきかけ、環境経済学者からの政策提案などの努力が払われてはいます。しかし、国益の衝突などから、「囚人のジレンマ」のような状況に陥ってしまっています。

これまで述べたような論点は、決して新しい話ではありません。すでに、多くの自然科学者や環境系の社会科学者からこうした問題が提起されてきました。他方で、精神世界的なアプローチ、啓蒙書などあらゆる類の文献がすでに数多く表されています。

しかし、人類の持続可能性にかんする論点は、解消されない机上の論点から次の一歩を踏み出せずにいます。

啓蒙活動により人々の意識を高めるだけでは、このような大きく重たい問題は解決しようがありません。資本主義経済に対する批判の声も、ピケティ『21世紀の資本』が世界中で大ヒットするわけですから、問題意識のレベルはかつてより上がってきているとは思います。しかし、私たちは日々の生活での幸福感を願いながら生活を続けます。企業も市場原理のなかで、利益追求を図ります。温室効果ガス削減に向けた国際的協議は難航します。

このため、人々の短期的な欲望、市場主義などの、現実的な問題を前提とした対応が不可欠となります。そこで、私は「次の一歩」を踏み出すのに必要な力として、金融の仕組みの変革を考えたのです。

パワフルな金融が経済システムを変える

人類の持続可能性の議論のなかで、金融が登場することは唐突に感じられるかもしれません。あるいは、「またリーマンショック後の金融批判か」と直感的に思われるかもしれません。たしかに、現在の金融の仕組みには、批判すべき点が数多くあるのも事実です。しかし、私がここで金融をもち出すのは、金融が経済活動におよぼす影響力がパワフルだからです。つまり、金融を変えれば、経済システムを大きく変えることができるのではないかと考えたのです。

金融は、経済を支える黒子あるいは影でありながら、取引額ベースでは実物経済以上の大きさの影となっています。これは、デリバティブ取引で取り扱う金額が仮想空間の数字であるため、実物取引の必要額からかけ離れた金額になることがもっとも大きな要因です。さらに、経済協力開発機構（ＯＥＣＤ）の２０１２年の統計を見ても、金融はＧＤＰの約４分の１を占めている状況です。

それと同時に、金融はさまざまな経済活動のインセンティブを与えています。もっとも基本的な例を出しましょう。

企業は株式や負債のかたちで資金を調達して事業に取り組みますが、その加重平均した調達コスト（資本コスト）は、企業のプロジェクト採択のうえでもっとも重要な要素の1つです。金融市場がどの水準の利回り（社債や貸出の場合は金利で、株式の場合は期待収益率といいます）で資金を供給するかは、その企業への評価のシグナルであると同時に金融市場の供給余力の結果でもあります。このシグナルによって、事業のゴーサインも見送りも大きく左右されるのです。つまり、資本市場の供給源である投資家の行動が、少なからず企業の経営判断に影響を与えているのです。

そのため、金融の仕組みを工夫していくことで、じわじわと、経済活動の適正化と、持続可能性の確保へと向かわせることができるものと信じています。ここにおいても、企業や個人の意識に対するはたらきかけだけでは物事が動きませんので、ある程度の政策的関与は必要となります。

大きな変革には思想的な背景が必要

そこで、経済の仕組みを変える原動力となる、金融の仕組みをデザインしていきます。仕組みを変えていくような大きな変革には、なんらかの価値観あるいは思想の柱が必要となります。そこで登場するのが「仏教」です。

宗教色のある政策的メッセージについては、ある程度の抵抗をもたれることは承知していますが、ここであえて、私がビジョンの中心にすえたのが仏教の価値観や世界観です。なぜキリスト教でもイスラム教でもなく仏教かという理由については、本文で詳しく述べましょう。

ひと口に仏教といっても、地域的にも宗派的にも多様化していますので「これが仏教の教えです」という言い方はできません。しかし、原始的な仏教から今日にいたるまで、「足ることを知る」あるいは「他を利する」などの根本思想[1]は共通するところであると理解しています。

実際に、持続可能性を訴え、１９７０年代に注目を集めたドイツ人経済学者シューマッハーの思考の中核をなすのが仏教でした。その思考は「仏教経済学」として地位を確立しました。また、イギリスには仏教的な思想を社是にかかげたブティック的な銀行が、世界恐慌やリーマンショックなどにも負けずに約350年の歴史を築いてきた事実もあります。

こうした例は、釈迦や大日如来などの特定の信仰対象を前提としたものではなく、また仏教の死生観などに染まったものでもなく、純粋に仏教の教えから昇華して出てきた「人間性としての美」を、経済・経営の哲学に反映したものです。ですから、本書においても、特定の信仰対象を取り入れるものではないことをご承知ください。

本書の構成

第1章「静かに進む破たんへの道」では、私たちがいま感じている、もやもやした先行きへの不安感の正体を分析します。

どの時代においても、経済環境の悪化や人民弾圧などが原因となって、政府への強い怒りがムーブメントのかたちで爆発することはあります。

1　厳密には、利他的発想は上座部仏教（釈迦から直接的な弟子を中心とした自己の解脱を求める原始仏教、大乗仏教からは「小乗仏教」と称される）にははっきりしたものはなく、大乗仏教以降の基本思想になっています。

しかし、私たちが現在遭遇しているのは、何気ない現状への不満、あるいは「このままではいけない」感覚に支配された静かなムーブメントです。それが、ＥＵ離脱を求めたイギリス国民投票や、世界各地で起こっている独立運動、暴言王の大統領候補指名など、従来の常識では考えられないような現象を生んでいます。

これらの静かなムーブメントの背景として、「格差の問題」と「地球環境の問題」に分けて理解を深めていきます。格差については、フローの格差とストックの格差についてそれぞれ検証していきます。トマ・ピケティが『21世紀の資本』のなかで表明した、格差の遺伝についてもここで考察します。

地球環境の問題については、おもに人類が環境をどの程度「消費」しているのかといった視点から考えていきます。二酸化炭素と地球温暖化の因果関係などはいまだに意見の相違を見ている部分もありますが、とはいえ地球の再生力が消耗していることは事実です。「エコロジカル・フットプリント」という手法に基づいて、人類が繁栄を続けていけるのかを考察していきます。

第2章「仏教経済学と定常経済」では、格差や環境などから提起された持続可能性の問題について理解を深めていきます。

まずは、イギリス政府からミャンマーの経済顧問として派遣された、ドイツ人経済学者エルンスト・フリードリッヒ・シューマッハーの嘆きから生まれた仏教経済学を紹介します。アジアでの乱開発を目の当たりにしたシューマッハーは、主著作『スモール イズ ビューティフル』のなかで、経済の無節操な成長に疑問を呈して、仏教的な考え方を経済に取り入れるべきであると主張し、仏教経済学という学問の基礎をつくりました。経済学には、奪いあいの暗黙の前提があります。資源が限られたなかで、各経済主体が自らの満足感を最大化するための行動があり、その帰結としての均衡がここで示されます。

満足感を経済学では「効用」という言葉で表現しますが、効用の拡大行動は資源などの制約条件に突き当たるまでは「欲しがる」行動をやめません。シューマッハーは、「正しく生きる」美徳を仏教のなかに見出し、有限の資源を貪欲に消費する社会から、「足ることを知る」生き方への変革を、この仏教経済学でうながしたのです。ちなみに、現代経済学をバッサリと一刀両断して仏教観を経済学に取り込もうというシューマッハーは、何を隠そう、現代経済学の父ともいえるジョン・メイナード・ケインズの弟子であることは不思議なめぐりあわせです。

そして、世界銀行で上級エコノミストを務めたハーマン・デイリーが提唱した「定常経済」を紹介します。代表作である『持続可能な発展の経済学』は出版後20年を経過していますが、最近、雑誌のインタビュー記事が書籍にまとめられて『「定常経済」は可能だ！』として発刊されて注目をあびています。

成長の原動力である「良い暮らし」への欲求に基づき、いまを生きる人々は現在の生活の幸せ感を最大化する選択をします。経済規模が地球環境にくらべ相当程度小さければ、その選択がもたらす環境への負荷は無視できます。しかし、経済規模が地球環境にくらべ大きくなった今日、環境への負荷を計算に入れたうえで、幸せ感の極大化を追求すべき状況となっているのは明らかです。

デイリーは、地球上の環境資源などの「定常状態」を維持するために、人口や経済の規模を、ある一定規模に抑えておくことが必要であると述べています。これが「定常経済」です。宗教的な価値観が含まれていないだけで、基本的な発想は仏教経済学とシェアする部分が大きいものです。

第3章「金融はパンドラの箱か」は、本書の前半の中核部分です。格差の問題も地球環境の問題も、共通するのは持続可能性の低下です。そして、それぞれの根源にあるのが経済成長です。さらに、経済成長は金融の存在なしには語ることはできません。ですから、金融のない世界であれば、格差も地球環境の問題も今日ほど深刻ではなかったはずです。

金融については、金融危機における公的資金投入や、モノづくりが実業で金融は虚業だという、ネガティブなイメージがつきものです。しかし、「金融とは何か」という点については明確なビジョンをもっていない人が多いと思います。「モノは劣化するがカネは劣化しない」という言葉は、まさに金融の性格を端的にとらえた表現です。そして、金融には「複利計算の悪魔」も存在しています。

この章では、経済と密接不可分である金融について基本からひも解きます。そして、原始キリスト教やイスラム教などが利子を禁止していた本当の理由についても、大胆な推論を展開します。

さらに、金融が経済システムにおよぼす影響について考察していきます。金融があるおかげで、経済発展に資するさまざまな事業が展開できるわけですが、だからこそ経済活動は金融からのコントロールを受けます。そして、金融は経済活動にインセンティブを与えながら、経済ばかりでなく社会構造をも変えてしまうのです。

この章を通じて、金融がもつ影響力の強さが認識できるでしょう。金融はある意味、劇薬です。経済成長を加速させる一方で、金融危機が世界経済をどん底に突き落とします。それだけパワフルな存在ゆえに、本書は金融の力に期待します。

第4章「仏教と日本的思考の美徳」では、日本的な資本主義から欧米型資本主義へと変遷を遂げていくなかで、あらためて日本的な思考法の再評価を行います。

神道や仏教、儒教などの宗教的土壌と歴史的変遷、風土などが私たちの行動様式にも反映されていますが、それは企業経営者も同じです。このため、欧米型資本主義の世界では大なり小なり「やりにくさ」を感じているはずです。これまでは、日本的な経済システムの欠陥を指摘されながら欧米化の一途をたどりましたが、今後、経済・社会の持続可能性を考えるうえで、日本的な思考は世界に対してさまざまなヒントを与えてくれます。

さらに、仏教の世界観についても、持続可能性をサポートするために必要な価値観を探るべく、深掘りしていきます。仏教経済学で取り入れられている仏教の教えは、ややせまい範囲であるため、さらに広い仏教の世界観に触れていきます。そして、金融が取り込むべき哲学や知恵を考察します。

ここで注意しなければならないことは、思想的な部分に傾注することで、政策的実現性から遊離してしまわないかということです。理想論ではなく、フィージビリティの高いプロダクトに仕上げるためには、人々の良心や啓蒙に過度な期待をせずに、欲望やエゴイズムなどの現実を直視する必要があります。

弘法大師・空海が唐の恵果から受け継いだ経典の1つに、「理趣経」があります。この経典では、私たちがもっている煩悩は減らすべきものではなく、あえて煩悩はあるものであるという前提で菩提（悟りをひらく）を説いています。簡単にいえば、人は不幸があるから幸福を感じられる。煩悩があるから、煩悩からの解脱を知ることができるということです。

人や会社の欲望を前提とした、それでいて人類の持続可能性を高めるような具体策を考えていきましょう。

第5章の「仏教ファイナンスと持続可能性」では、いよいよ「仏教ファイナンス」ともいうべき新しい金融のかたちを考えます。

理想論はリアリズムから乖離し、実現性が怪しいものですが、本章では、実践可能な具体策までを示します。この具体策に多くの企業、消費者、政府が取り組むことにより、金融市場の行動を変えて、そこから持続可能性を高める金融の姿への変革を導くものです。

理想を現実味のあるものに昇華するためには、極端に「小さな政府」や「大きな政府」といったデジタルな発想ではなく、適度な政府関与をうながす中庸の道を選ぶことが必要です。市場のメカニズムを重視しながらも、政策的に「ゲームのルール」を変えていくことで、金融市場のプレーヤーの動きを修正するデザインを考えます。

これには、行政、個人、会社、金融機関それぞれの価値観の変革をうながし、経済システムに対するインセンティブ付けに向かわせる工夫が必要です。

欲望の権化たる株式市場にどっぷりと浸かっていた私が、仏教という対極のテーマで本書を書くことについて、疑問をもつ方も多いと思います。最後にプロローグの締めくくりとして、ここにいたる背景についてお話ししたいと思います。

＊

弱肉強食のジャングルで生活して

私は、強欲にまみれた金融業界に30年近く身を置いてきました。そして、そのキャリアの半分の期間、証券会社のアナリストとして従事してきました。きれいごとではなく、投資や投機によって儲けることが、ある意味で資本市場のプレーヤーの目指すものですから、そこのフロントランナーとして働くなかではすさまじい経験もしました。

1つの例をあげるなら、顧客の裏切りです。

私は顧客の利便性を考え、さまざまな分析ツールを顧客である投資家に提供してきました。経済的な前提条件を入力するだけで銀行の財産状況を個社別に試算できるという便利な計算シートも、その1つです。

ほとんどの投資家は、自分たちが運用する資金を効果的に投資するための判断材料として、こうしたツールを使ってくれます。しかし、このツールを直接ないし間接的に入手した人が、このツールを自らの利益のために悪用したと思われる状況が発生したのです。その疑いは、銀行株価の急落と、その要因とみなされていた海外での噂により発覚しました。

複数の投資家からの情報では、私がつくった計算シートの前提をきわめて悲観的なシナリオに書き換えたものが市場で出まわっており、それとともに「トップアナリストの野﨑が業界に対して厳しい見方をしている」という、でたらめな話が伝えられていたようなのです。類推するに、誰かが株式を空売りしたうえで、こうした悪意をもった情報操作を行い、株価が下がったところで株式を買い戻すことで利益を得ていたのではないでしょうか。金融業界の実態は、ジャングル以上に肉食獣が血で血を洗う場所かもしれません。

このようなケースは、倫理上だけの問題ではなく、場合によっては法令上の問題にもつながりかねないものです。ただし、このような事案が業界内で常態化しているとは思いません。レア中のレアケースであるとは思います。

しかし、利益追求という目的は、金融市場の誰もがシェアしており、この目的のためにあらゆる手段を弄して他人を出し抜こうという意識が、この金融市場の土壌としてあることは否定できません。

泥沼から清廉な蓮池へ

ここで述べたようなエピソードがあったものの、私は金融業界が嫌いではありません。なかでも銀行業界については、むしろ愛しているといってもよいでしょう。

しかし、ある程度の達成感を得られたので、２０１５年に大学教員としての新たなチャレンジを選択しました。


たまたまご縁をいただいた京都文教大学は、法然上人で知られる浄土宗の宗門校でした。私は教育・研究活動のかたわら、大学の宗教委員として宗教行事の企画など特徴ある活動に参加しました。また、浄土宗の僧籍のある学長とも交流する機会があるほか、京都という土地柄も活かしながら（浄土宗に限らず）広く仏教について学ぶ機会を得ました。

まさに、欲の沼に浸かった生活環境から、清廉な蓮池へと身を移した魚のような心境でした。そうした環境変化により、金融というものに対する見方も徐々に変わってきました。

銀行役員会での出来事

本書を書くきっかけのもう1つは、ある銀行での役員勉強会です。私は大学教員になったこともあり、中立的な立場から市場の見方を伝えることを期待され、某超一流銀行の役員会に招かれました。テーマは「株主対策」です。アナリストの立場であれば、会社の主要なステークホルダーである株主への利益還元を強く訴えるところです。

私もなかばその意識のままで勉強会に臨んだのですが、経営陣と議論を重ねていくなかで、株主利益を経営戦略の中心にすえることが、株主を含めたあらゆるステークホルダーの長期的な利益の積分値を最大化することにつながらないのではないか、という意識が高まりました。

現在の株主の利益に軸足を置いた施策が、次の世代の株主にとって利益があるとは必ずしもいえないのです。むしろ、ここでも株主間の「世代間闘争」をともなうような、分配の問題を来す可能性があります。

「株主の利益に資する」という、経営上たいへん重要なミッションをはたしていくことは重要ですが、それは、現時点で会社を支配する議決権を保有する株主の利益のみに着眼することではないと思います。そのため、「現時点」での株主をはじめとするステークホルダーの軸と、それぞれのステークホルダーの「長期的な時間」軸を立体的に考えて、その利益の積分値を大きくする判断を行う必要があります。

ただ一方で、厳密に法律的な立場から考えれば、現時点における株主をプリンシパル（委託者）、経営者をエージェント（受託者）とする契約関係に基づき、エージェントがプリンシパルの利益に即した行動を取ることが求められていることも事実です。このジレンマの解消を本書で考えていきたいと思います。

金融の姿を変えるために

金融市場に長年お世話になっていたおかげで、金融の影響力の大きさ、プレーヤーの貪欲さと行動スタイル、規制などのゲームのルールの効果などを、私はつぶさに見てきました。また、「金利（あるいは複利計算）の魔力」やこれに依存した企業行動なども肌身に感じてきました。

一方で、仏教的な世界観とのふれあいを通じて、金銭には代えがたい価値をもった考え方や心の問題も吸収してきました。

このタイミングで本書を書くにいたった運命、そして本書の価値に共鳴してくださったディスカヴァー・トゥエンティワンの編集者・林秀樹氏に深く感謝しております。

本書を通じて、みなさんが置かれたいまの環境と、金融との、隠されたかかわりあいを理解していただき、その根底にある問題を認識していただきたいと考えています。そして、より大きな安心感をもたらす社会へと導く存在に、金融が姿を変えるために――金融市場の参加者ばかりではなく、個人、一般企業が、どのようにしたら意識の転換を図ることができるか、一緒に考えていただければ幸いです。

野﨑浩成

目次

第3章 金融はパンドラの箱か 161

第4章 仏教と日本的思考の美徳~持続可能性を高める金融へのインプット

第1章　静かに進む破たんへの道

金融危機や恐慌のようなショックがあれば、それらが人々の生活を脅かし大きな不満となって政府に矛先が向けられることは当然ですし、わかりやすいことです。しかし、経済状況が比較的安定しているなかであっても、過去では考えられないようなムーブメントが、いま目の前で発生しています。

これらの動きの背景は、どこにあるのでしょう?　ゆっくりと、しかし着実に進む構造変化が人々の不安につながっているという点について具体的な数字を見ながら確認していきましょう。

1　ありえないことが当たり前に

（1）　ブレクジット、独立運動、トランプ旋風

反グローバリズムとEU離脱

冒頭にかかげたキーワードに、反グローバリズムがありました。そして、このキーワードは最近世情を騒がす数々のイベントの共通項ともいえるものです。反グローバリズムは、今世紀に入る直前頃から急速に進んだヒト・モノ・カネの国際的な一体化を示すグローバリゼーション、あるいはグローバリズムへの反対意見、排外主義、そして自国（自地域）優先主義などを意味しています。

イギリスにおけるEU離脱を決めた国民投票は、世界を驚かせたばかりではなく、アメリカなど主要諸国の金融政策に影響をおよぼしました。EU離脱は「ブレクジット」（Britain＋Exit＝Brexit）とよばれていましたが、離脱に賛成した人々も、やがて自らの無分別な投

票を後悔し「ブリグレット」（Britain + Regret = Bregret）と言い換えられました。

離脱派の主張は、ヨーロッパ経済統合による「低コスト労働力である貧しい移民の国内流入」などがメインのようですが、過去にくらべて暮らし向きが悪くなっているという漠然とした不満が背景にあるようです。投票結果を見ると、若年層が残留を支持する一方、高齢者が離脱に投票した傾向が強く、高所得者より中間所得者層以下で離脱賛成の比率が相対的に高かったことがうかがい知れます。そして、その不満の対象を、移民を含むグローバリズムに向けたものといえます。

独立運動と排外主義のアメリカ大統領候補

排外的な傾向、自国主義などをより先鋭化したものが、スコットランドの独立運動や、スペインはカタルーニャ地方の独立運動といえます。各国間の規制や関税を取り除き、ヒト・モノ・カネの自由な移動を進め、実質的な国境をなくしていくことがグローバリゼーションです。

その意味で、過去の地域内紛争を反省に巨大な国家統合を目指したものがＥＵであるとすれば、その真逆にあるものが地域における独立にあると思います。

２０１６年のアメリカ大統領選挙において、共和党の大統領候補として指名を獲得したドナルド・トランプが、その暴言の数々にもかかわらず人々の支持を集めていった様子も、アメリカ国民を含めて世界の人々がショックを受けました。

トランプ候補が大統領選キャンペーン中に行った排外主義的でアメリカ第一主義的な発言の数々はご存知のとおりですが、支持者が共感した背景をたんなるポピュリズムと見てしまうのは適当とはいえないと思います。やはり、イギリスの場合と同様に、「過去とくらべて暮らし向きが悪くなっている」と感じる中間所得者層以下の不満と、グローバリゼーションの進展に対する不安を、トランプがうまくくみ上げた結果であるという論調が、おおむねコンセンサスといえるでしょう。

ワシントン・コンセンサスの功罪

グローバリゼーションの是非をこの場で議論するつもりはありませんが、ここで明確にしたいのは、これまで急速に進んだグローバリゼーションに対する「人々の不安」です。

では、なぜグローバリゼーションはこれほど進展してきたのでしょうか？　簡単に解説したいと思います。

まずは、グローバリゼーションの進展を数字で確認しましょう。次の図表1-1は、国境を越えたお金の流れを、銀行の貸出や投資によりとらえたものです。きわめてはっきりと、国境をまたいだお金の動きが急増していることがわかると思います。グローバリゼーションの波に乗ったのがヨーロッパの銀行で、乗らなかったのが日本の銀行である点も興味深いと思います。

さて、このようなグローバリゼーションの推進力の原点に「ワシントン・コンセンサス」があります。ワシントン・コンセンサスとは、

図表1-1　世界の銀行の海外資産の推移

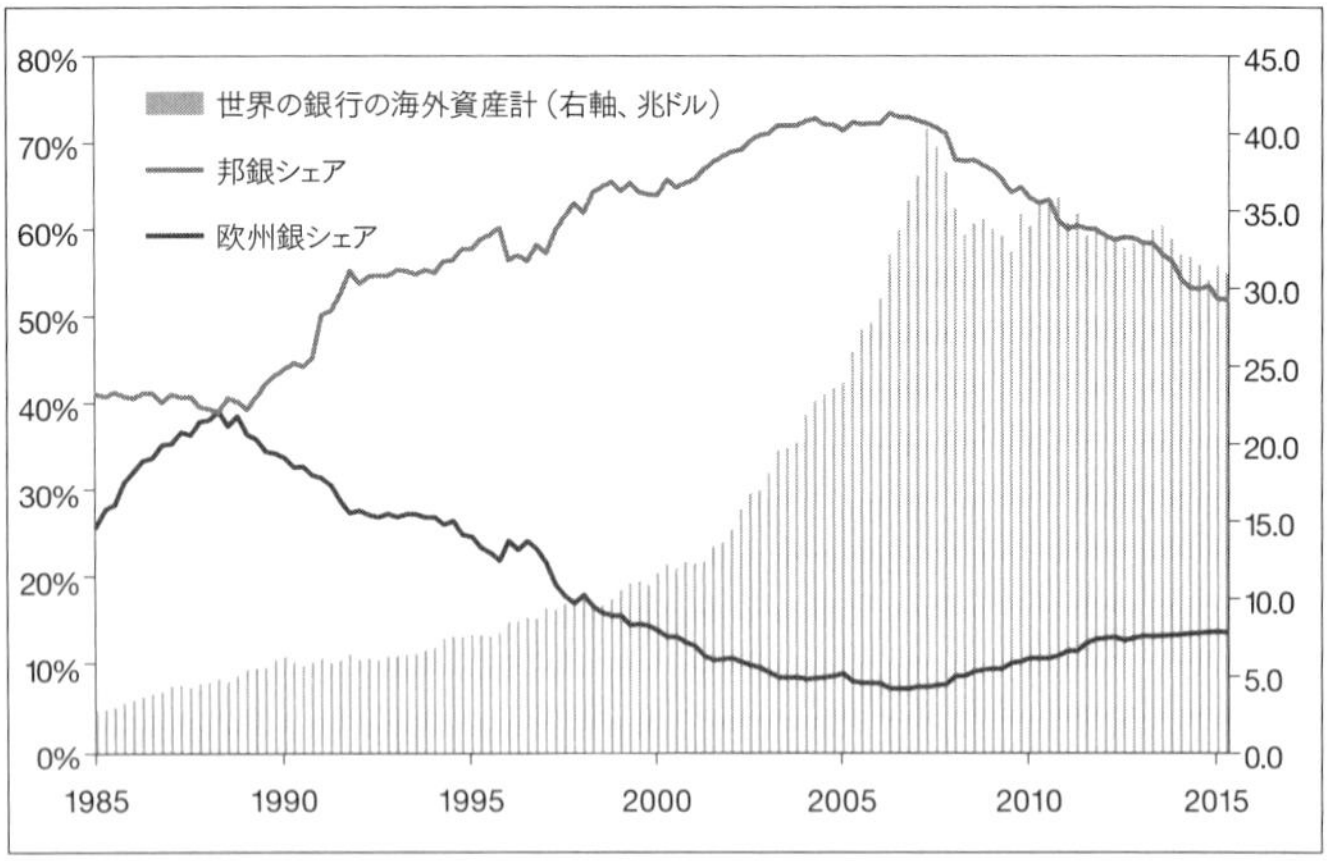

出所：BISデータに基づき筆者

アメリカ・ワシントンＤＣに本拠をもつ非営利非政党シンクタンクであるピーターソン国際経済研究所（ＰＩＩＥ）で当時主任研究員を務めていたジョン・ウィリアムソンが、１９８９年発表の論文で命名した言葉です。

もともとは、対外累積債務問題に苦しむラテンアメリカに対して必要な経済改革を提起したもので、アメリカ政府、国際通貨基金（ＩＭＦ）、世界銀行などワシントンＤＣを拠点とする主体の間で成立したコンセンサスを指します。ちなみに、提起された改革は、（1）財政赤字の是正、（2）補助金削減など財政支出の変更、（3）税制改革、（4）金利の自由化、（5）競争力ある為替レート、（6）貿易の自由化、（7）直接投資の受け入れ促進、（8）国営企業の民営化、（9）規制緩和、（10）所有権法の確立、の十項目から構成されています。そして、これらを自国の政策に反映させることを、ＩＭＦなどの融資条件としたものです。

また、その後も、旧社会主義諸国や開発途上国の市場主義経済移行と経済インフラの構築のために、このフレームワークが採り入れられました。この際に生じた経済的な混乱の責任をこのプログラムに転嫁する批判も多いため、ワシントン・コンセンサス自体は必ずしもプラスの印象をもった言葉として受け止められてはいないのは事実です。

しかし、市場を基本とする国際的な経済インフラの構築の推進力となったことで、1990年代から現在にいたるグローバリゼーションの起点となったことはたしかです。

これらの項目からもにじみ出ていますが、ワシントン・コンセンサスには市場メカニズムを重要視した「新自由主義」が思想の背景にあります。このため、ノーベル経済学賞受賞者であるスティグリッツによる同コンセンサスに対する批判からはじまり、リーマンショック後のグローバル金融規制強化の号砲を放った2009年4月のロンドンサミットにおいても、新自由主義に基づくグローバリズムの象徴としての同コンセンサスの終焉を明示する場面もありました。

1つグローバル金融規制のなかでも特徴的なものを例に取りますと、グローバル金融システムに重要な金融機関（G-SIFIs = Global Systemically Important Financial Institutions）に対する厳しい規制があげられます。

まず、G-SIFIsの認定は、規模、相互連関性（デリバティブを含む他の機関との取引量）、代替可能性（インフラとしての存在感）、複雑性（事業の多様性）、国際性（グローバル事業規模）の5項目のデータに基づいて行われます。国際性や複雑性、相互連関性などを主眼とした基準からも推察できるとおり、市場原理主義とグローバリズムの流れにもっとも乗っていた金融機関が認定を受けることになりました。ちなみに、日本の3メガバンクを含むは約40（うち30は銀行）の世界の金融機関が２０１６年末時点で指定されています。

この機関に指定されると、通常の規制で求められる水準以上の自己資本比率を求められるほか、経営危機に瀕しても公的資金による救済に寄りかかることのないように、破たん処理計画を当局へ提出することが要求されます。

重視されすぎたグローバリズムと市場メカニズムの反動

新自由主義とグローバリゼーションへの最初の反動は、グローバル金融規制など金融業界に対する政治的なものでした。そして、その延長線上にイギリスのＥＵ離脱、独立運動、トランプ旋風が存在していると考えていいでしょう。

自由貿易圏の拡大を目指す動きは、ＦＴＡ（Free Trade Agreement、自由貿易協定）や貿易以上の網羅的な結び付けであるＥＰＡ（Economic Partnership Agreement、経済連携協定）などの推進などがあります。近年ではＴＰＰ（Trans-Pacific Strategic Economic Partnership Agreement、環太平洋戦略的経済連携協定）の合意が取り付けられましたが、中心的な存在であるアメリカで見直しの動きが出るなど、明らかに従来までのベクトルの方向性が修正されつつあります。

（２）社会民主主義色の強いリーダーへの共感

イスラム教徒のロンドン市長誕生

世界的な金融都市であるシティをかかえるロンドン市の市長選挙の結果も、世界を驚かせました。２０１６年5月に実施されたロンドン市長選挙において、パキスタンにファミリーオリジンをもつイスラム教徒であるサディク・カーン（労働党）が、典型的なエスタブリッシュメントであるザック・ゴールドスミス（保守党）を破って当選しました。

折りも折り、連続するテロでイスラム国への反発が高まるなかでのイスラム教徒の選出だっただけに、世界中が注目した自治体の首長選挙となりました。しかし、ここで宗教的な色彩に目を向けすぎると本質を見失います。

たしかに、人口の3分の1がイギリス国外に原点を有しており、また1割強がイスラム教徒という国際都市としての特徴を見落としてはいけません。また、ゴールドスミスによるイスラム教をターゲットにしたネガティブ・キャンペーンに対する反発も選挙結果につながった側面はあるでしょう。しかし、カーンの政治的主張にも目を向ける必要があります。

カーンは、パキスタン出身でバス運転手を父にもつ豊かとはいえない家庭で育ちました。苦学の末、弁護士資格を取得し、社会派弁護士として活躍してその後政界進出しました。こうした背景ゆえ、貧困や労働問題などの改善に向けた政治的主張が目立つ社会民主主義的な政治家になりました。市長選においても、高騰した住宅価格と家賃の問題を取り上げ、庶民目線での選挙戦を戦った結果といえると思われます。

カーンの勝利から類推されるのは、格差と中間所得者層の不満であるという点では、イギリスのEU離脱を結論づけた国民投票と同様です。しかし、移民が目立つロンドン市という都市での選挙である点を考えると、先に述べた反グローバリズムという視点よりは、より、格差や中間所得者の不満の反映と見たほうがよいかもしれません。

バーニー・サンダースのメッセージ

アメリカの大統領選挙の展開で異彩を放ったのは、トランプばかりではありません。民主党の大統領候補者指名レースでヒラリー・クリントンと最後までデッドヒートを演じたのがバーニー・サンダースでした。

サンダースは、ポーランド系ユダヤ人の血を受け継いだという背景からも、苦難を乗り越えてきた歴史を背負っている印象があります。決して裕福ではない家庭に育ち、教育も満足に受けられない人々を周囲に見てきたようです。それだけに、自由主義市場経済がもたらしてきた富の集中と格差の拡大に対して批判を繰り返してきました。

このため、教育機会を貧しい人々にも与えられること、健康で生きられる権利をすべての人々に与えられることを選挙キャンペーン中も強く主張してきました。サンダースのこうした政治的メッセージは、若い世代を中心に、熱狂的とも取れる支持を広げていったのです。

結果的には、民主党の大統領候補指名を勝ち取ったクリントンも、サンダースの政策的な色を自らの政策に取り込まざるをえなくなりました。具体的には、アメリカ国内の8割以上の家庭が対象となる家計年収12・5万ドル（約1300万円）以下の子どもたちに対する高等教育の無償化のプランがあげられます。さらには、公的保険制度に加入させる、そして、費用負担のない人々にも初期医療が受けられるようにするための低所得者層向け地域医療センターへの資金拠出も組み込んだのです。

富裕層であるクリントンが、サンダースの支持者に対する配慮をせざるをえないほどに、社会民主主義的なサンダースの考えが多くの国民の賛同を得たのです。

では、こうした市場メカニズムに対する反発と反グローバリズムの動きの背景について、その根源がどこにあるのかを見ていきましょう。

2　格差拡大の経済学

（1）ファンドマネジャーと幼稚園の先生

草食の時代の肉食家たち

冒頭で草食化というキーワードに触れましたが、その対極にある肉食の例を見てみましょう。金融市場のトッププレーヤーの報酬は破格の水準です。私もアナリストとして、さまざまな市場参加者を見てきましたが、最近目にしたファンド運用者の報酬レベルには、あらためて驚きを禁じえませんでした。

２０１５年のアメリカのヘッジファンド運用者のデータ[2]によれば、もっとも稼いだトップ10人の報酬合計は98億ドル（約１兆円）ということでした。これはプエルトリコやガーナの国家予算に匹敵する金額です。ちなみに、トップは17億ドル（約１８００億円）、上位25名の合計は１３０億ドル（１・４兆円）と前年の１１６億ドル（１・２兆円）をさらにしのぐ勢いです。

わずか25人で15万人分の稼ぎ

この数字は、「アメリカ国内の幼稚園の先生15・8万人の年収合計（85億ドル、２０１２年実績、ワシントンポスト調べ）をはるかに上まわるヘッジファンド運用者の報酬」とメディアに取り上げられたことをきっかけとして、注目を集めました。この衝撃的なレトリックは、２０１５年のヒラリー・クリントンの遊説中にも使われたくらいで、アメリカ人にとっても驚愕だったようです。

かつて、リーマンショックをきっかけとして、金融関係者の高給に対する風当たりが強まりました。しかし、こうした数字を見る限りは、報酬の状況は引き下げられるどころか上昇ペースにさらに勢いがついているようです。

99％運動のその後

現在の主要国の経済情勢は、リーマンショック直後にくらべれば大きく回復しています。

2　２０１６年５月12日付けワシントンポスト紙。

2011年以降は「ウォール街を占拠せよ」というスローガンのもと「99%運動」[3]が世界各地で発生するなど、富裕層とそれ以外の人々の格差を糾弾するムーブメントが活発に行われました。グリードの権化たる金融業界に市井の人々の生活が脅かされたというわかりやすい図式だっただけに、不満がこうしたかたちで顕現化するのは不自然ではありません。

その後、アメリカ経済の回復とともに、人々の不満も落ち着きを取り戻したかのように見えます。しかし、実態としては不満と不安の度合いは静かに高まり続け、近年における常識ではありえない現象――アメリカ大統領選挙における暴言王の台頭や、イギリスのEU離脱――を実現させてしまうにいたったのです。

格差問題は、テロをはじめ社会不安を惹起するような事象が発生するたびに取り上げられるものの、じつは、その主張の多くが政治的プロパガンダの色彩が強いものです。声高に格差を壮語する向きに対して私も辟易してはいましたが、あらためてこうした常軌を逸した報酬の実態や、一方で着実に拡大しつつある「なんとも表現しにくい不安感」の拡大などに関心を払わざるをえなくなってきました。

（2）成功と失敗の遺伝

ピケティの指摘する「持続不可能な格差」

著書『21世紀の資本』で大ブレークしたフランスの経済学者トマ・ピケティは、世界的な格差の拡大傾向を問題視し、その主たる要因として「持てる者」の財産が経済成長以上に急ピッチで進むことをモデル化して説明しました。

ピケティの研究の中でもっとも世に知られることとなった式が、「r＞g」です。「r」は資本の収益率で株式や債券、不動産などの資産運用のリターンを示し、「g」は経済成長率あるいは所得の成長率を示したものです。

ピケティによれば、戦時中などの例外を除けば、歴史的に、「r」はつねに「g」を上まわり続けてきたとしています。

3　上位１％の富裕層がかかえる資産が過去40年以上にわたり増える一途をたどっていることを批判し、"We are the 99%"という運動が巻き起こり、１年以上にわたって金融都市の一部をデモ隊が占拠するなどの緊張状態が続いた。

そして、長期的に資本収益率が経済成長率を超える傾向が続けば、資産の分布が偏る傾向につながるという結論です。つまり、資本収益率が所得成長率を上まわるとき、資本主義は自動的に「持続不可能な格差」を生み出すというのが彼の唱える論点です。

その前提が、富の相続です。相続による財産の継承は、継続的に「持てる者」とその子孫の財産の拡大を経済成長以上の速度で実現させます。このため、ピケティは相続税を含む資産課税の強化を政策的な提言としてまとめました。

グレート・ギャツビー・カーブ

2012年にアメリカの経済諮問委員会（CEA）のアラン・クルーガー委員長が、格差の拡大と貧富の固定化について興味深いグラフを報告しました。このグラフは「グレート・ギャツビー・カーブ」と名づけられました。

このグラフは、世界各国のデータに基づき、横軸が貧富の格差の大きさを表すジニ係数、縦軸が世代間の所得弾性値（親の所得と子の所得の感応度）を表す数値を取ったものです。ジニ係数は0から1の間の値を取り、1に近いほど貧富の格差が大きいことを表します。

一方で、世代間所得弾性値とは、親の年収が高ければ子の年収も高くなるようなときに、大きい値を示すものです。

このグラフは、言わずと知れたスコット・フィッツジェラルドの名作『ザ・グレート・ギャツビー』（日本語では『華麗なるギャツビー』などの翻訳あり）からきています。この本は映画化もされましたが、アメリカの20世紀初頭までの裕福な階級の若者たちを描いたものです。

このグラフにおいて、データの散らばりが右肩上がりになっていれば、「貧富の差」と「所得の遺伝」に正の相関性があるということになります。そして、右上に位置する国ほど、貧富の差が大きく、所得の遺伝も強いことを表しています。

順を追ってグレート・ギャツビー・カーブを導き出していきましょう。

まずは、ジニ係数です。ジニ係数を算定するもととなるのが、家計の所得を小さい順番に並べて累積させていく「ローレンツ曲線」です。少し複雑ですので、詳しくは拙著『すべてがわかる経済理論』をご参照いただきたいのですが、ごく簡単に説明すると次のとおりとなります。

もし、国中の世帯がすべて同じ水準であれば、この曲線は直線になります。たとえば、全国民が3人で各人が1000万円の年収だったとします。すると、グラフは左から順番に1000万円（同じ所得なので誰が一番左でもかまいません）、2000万円、3000万円と順番に累積された数値が出てきます。そうすると、グラフが直線（傾きが1000万円）になるのが理解いただけると思います。

しかし、実際は所得の格差が存在しますので、この直線よりも下のほうを通る（下に凸の）曲線になります。この直線と曲線の間の面積が大きいほど（つまり曲線のしゃくれ方が大きいほど）所得の格差が大きいことになります。この面積を直線と軸に囲まれた三角形で

図表1-2　ジニ係数（2013年）

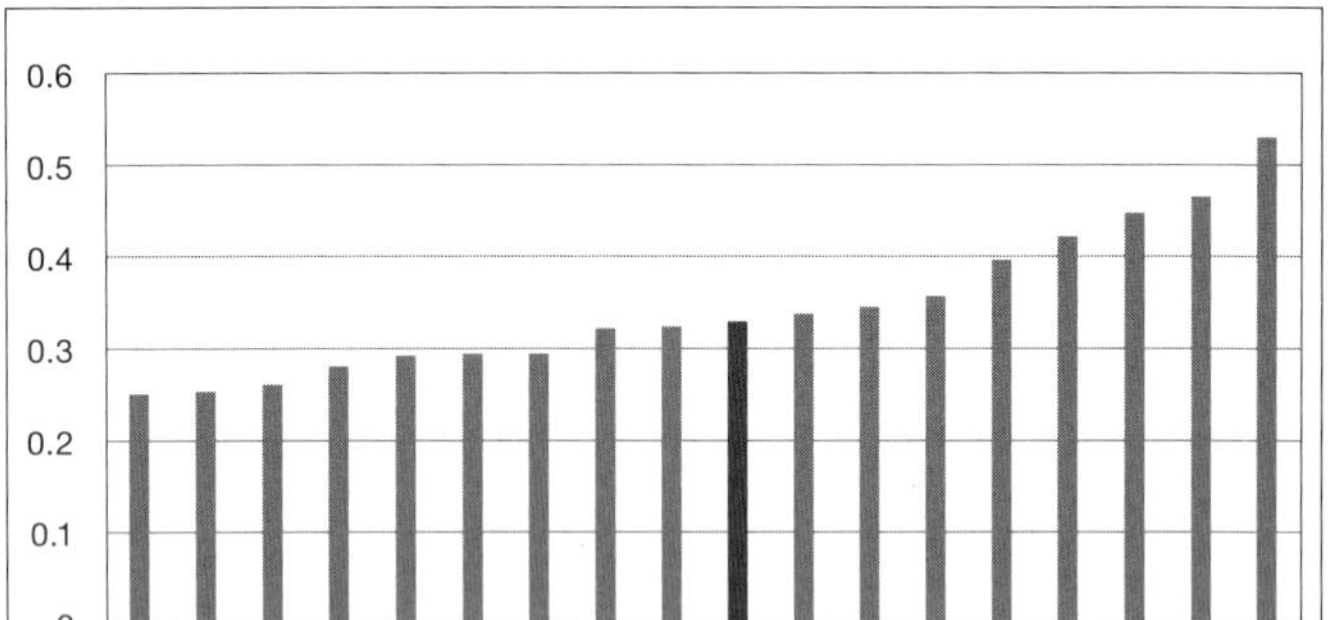

出所：世界銀行およびOECDデータに基づき筆者

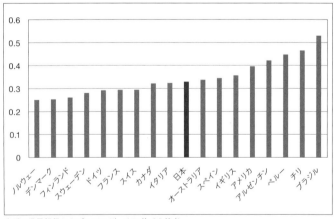

割ったものがジニ係数です。図表1−2が最近の数字になります。日本はほぼ平均的なポジションとなっています。

次に、世代間の裕福さの遺伝です。この数字は、不平等などについての経済学的な分析で定評のあるマイルス・コラック[4]の研究論文から拝借してきました。図表1−3に、最近の国際比較があります。

前のグラフと同じように南米の国々に高い数値が目立ち、日本は平均をやや下まわる位置にきていることがわかります。

4　Miles Corak, "Inequality from Generation to Generation: The United States in Comparison," IZA DP No. 9929, 5/2016

図表1-3　世代間所得弾性値

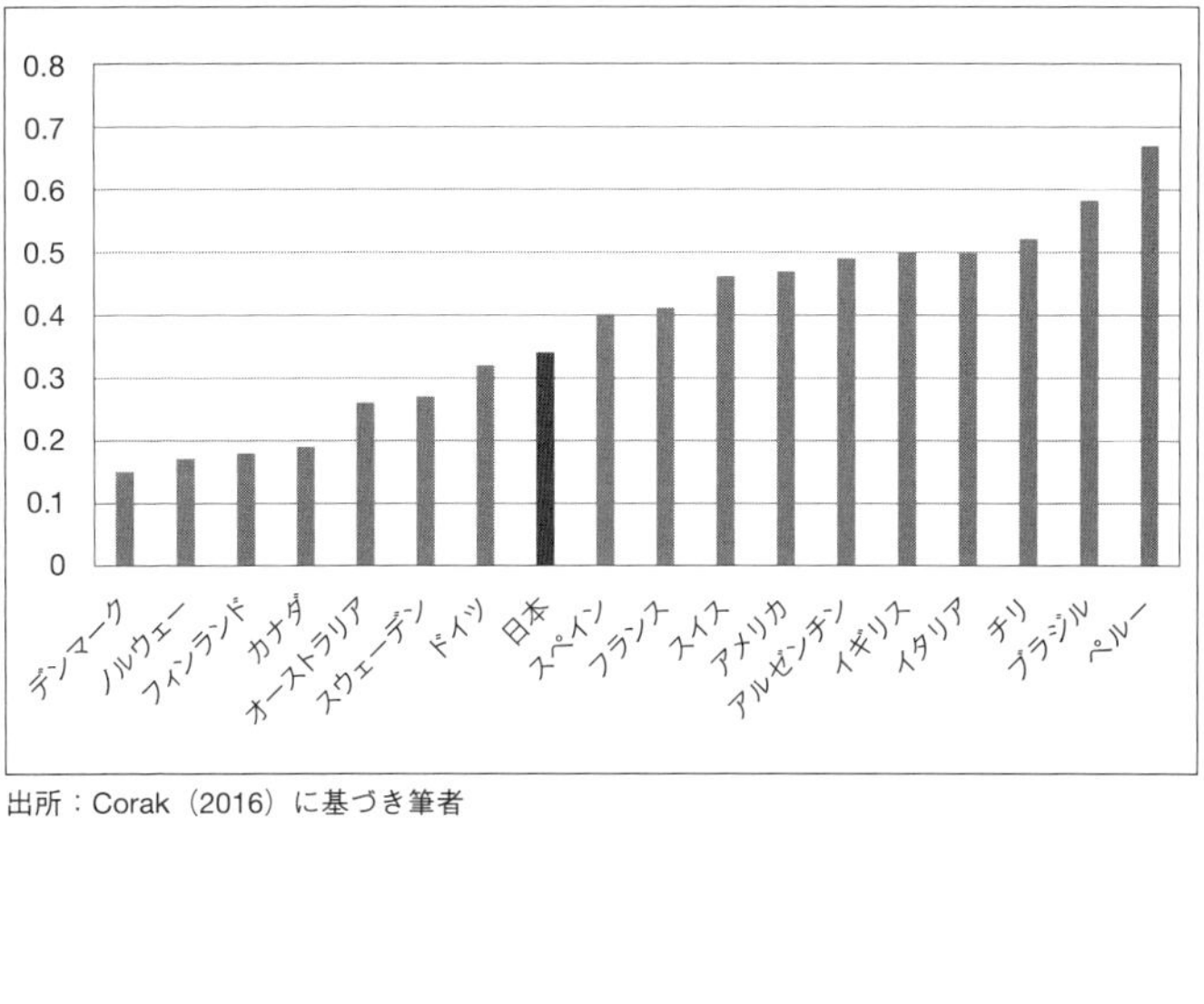

出所：Corak（2016）に基づき筆者

これらの結果をまとめたものが、グレート・ギャツビー・カーブとなります。このグラフにおける各国のデータの散布状況から、おおむね右上がりの関係にあることがわかります。

ちなみに、図表のなかに近似直線があり、決定係数をあわせて載せてあります。これをご確認いただいても、親子間の裕福さ／貧しさの継承の強弱と、貧富の格差に関連性が見出せると思います。

全体的な地域的特徴としては、「大きな政府」による社会保障の充実に共通点がある北欧諸国のデータが格差・世代間移転ともに小さな数値となっている一方で、近年

図表1-4　グレート・ギャツビー・カーブ

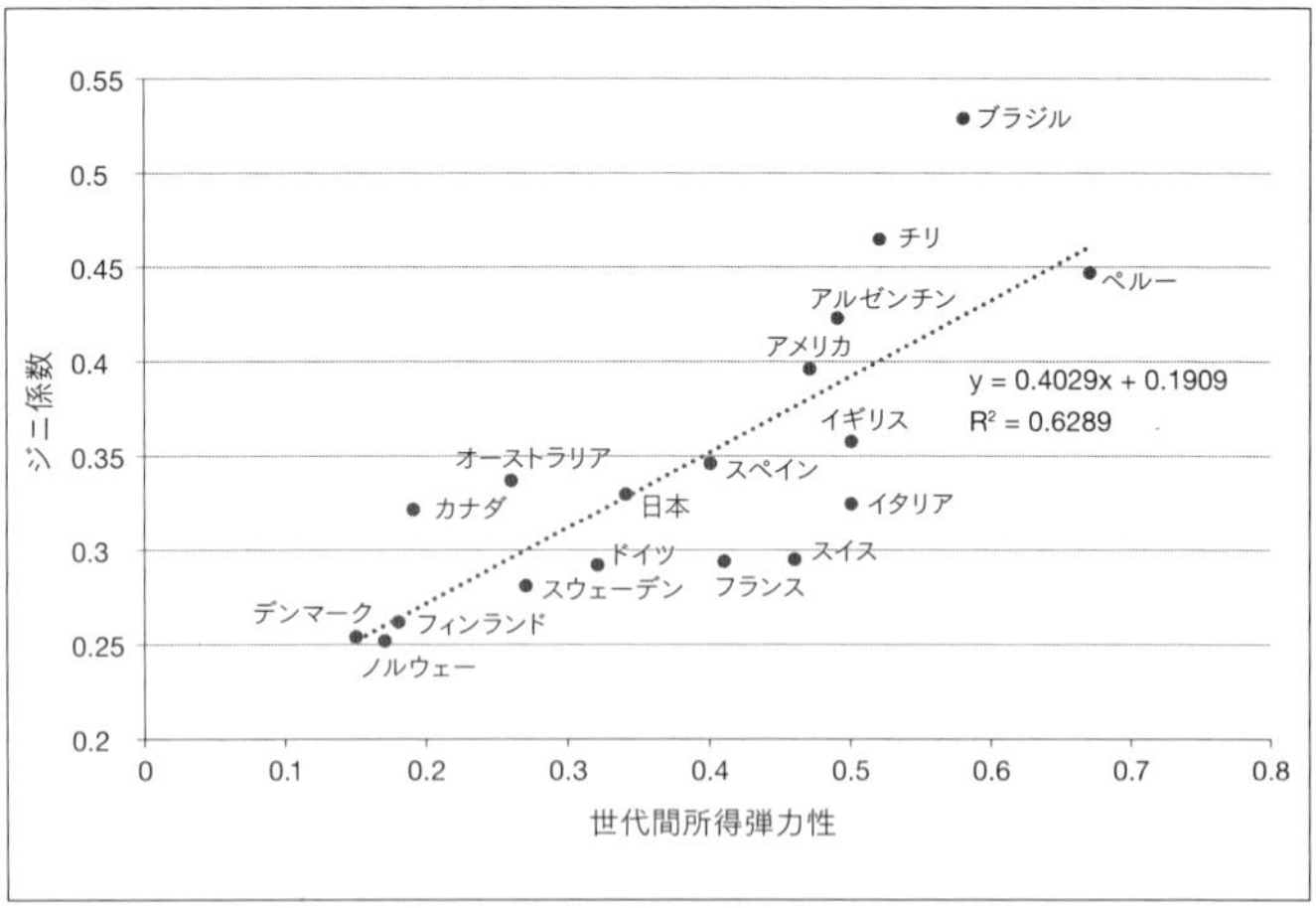

出所：Corak（2016）、世界銀行、OECDに基づき筆者

急成長を見せていた南米諸国にかんしてはそれぞれの計数が高止まりしていることがわかります。近年ますます、格差拡大が話題にのぼる日本は、平均やや低いポジションにあります。

(3) 格差の伝承と拡大の裏に存在するもの

金融資産のリターンと教育機会

ピケティの主張にかんして賛否両論あることを踏まえたとしても、クルーガーやコラックが示したグレート・ギャツビー・カーブから、事実として資産などの継承と格差の拡大にはなんらかの強い因果関係がありそうです。

第一には、ピケティが主張するとおり、金融資産などの保有による金融的なリターンの存在です。金融資産のリターンが、労働などによる所得の成長と同等かあるいはそれを下まわれば、資産という既得権の存在は将来世代への格差拡大の原動力とはならないはずです。

第二には、教育の問題があります。保有資産や家計所得の大きい家庭では塾や予備校などの補助的な教育サポートが受けやすい一方、貧しい家庭においてはこうした教育的なサポートを受けにくいことはよく指摘されます。また、高等教育へのアクセスにかんしても、家庭の事情により制約を受けることが少なからずあります。

「レビ記」に見る「リセット」

後の章でも紹介しますが、旧約聖書の一書である「レビ記」で「ヨベル」という約束事について述べられています。ヨベルとは、富の集中や貧富の格差拡大を防ぐために、保有する財産を一斉に清算（チャラにして再配分）するイベントをいいます。ヨベルは50年に一度行われるため、この時期が近づくほど人々は富の処分や施しに忙しくなったということです。

ヨベルがあれば、グレート・ギャツビー・カーブも定期的に左下に集中することでしょう。しかし、効率性を高め生産性を引き上げるインセンティブは、いつの世も格差是正のための富や所得の再分配と衝突するものです。ですから、現代にヨベルをもち込めば、経済に大打撃をもたらすことになるでしょう。

私たちは、持続可能性を追求するために、格差の是正を適切に行う必要があります。ヨベルを行うのではなく、人々のやる気を阻害しない格差是正の方法論を考える必要があります。第2章以降では、こうした点からも新しい知恵を考えていくことになります。

3　地球環境の経済学

(1)　気候変動と人口の増加

平常化する異常気象

私たちは、日常的に異常気象とよばれる環境に日常的に接しているうちに、いつしか、過去の経験則やデータではなかったような現象に慣れてしまいつつあります。台風や爆弾低気圧などの自然災害は、従来にくらべ激甚化する方向にあるにもかかわらず、こうした気象状況の変化が日常的な風景に変わっているのです。

異常気象の要因の1つとして、よく関連づけられるのが、いわゆる地球温暖化です。金融に直接関係がないように思われるかもしれませんが、この温暖化について考えてみましょう。

まずは、世界の気温の遷移を図表1－5で確認します。

このグラフは、「年平均気温偏差」とよばれるもので、基準気温からの乖離をたどったものです。基準気温とは近年における平均気温を指します。このグラフの場合は、1981年から2010年までの30年間の平均気温を基準気温としています。

このグラフは過去125年間における気温偏差を表していますが、ある程度の上下動を繰り返しながらも、ほぼ一貫して上昇傾

図表1-5　世界の気温遷移（年平均気温の基準気温からの偏差、℃）

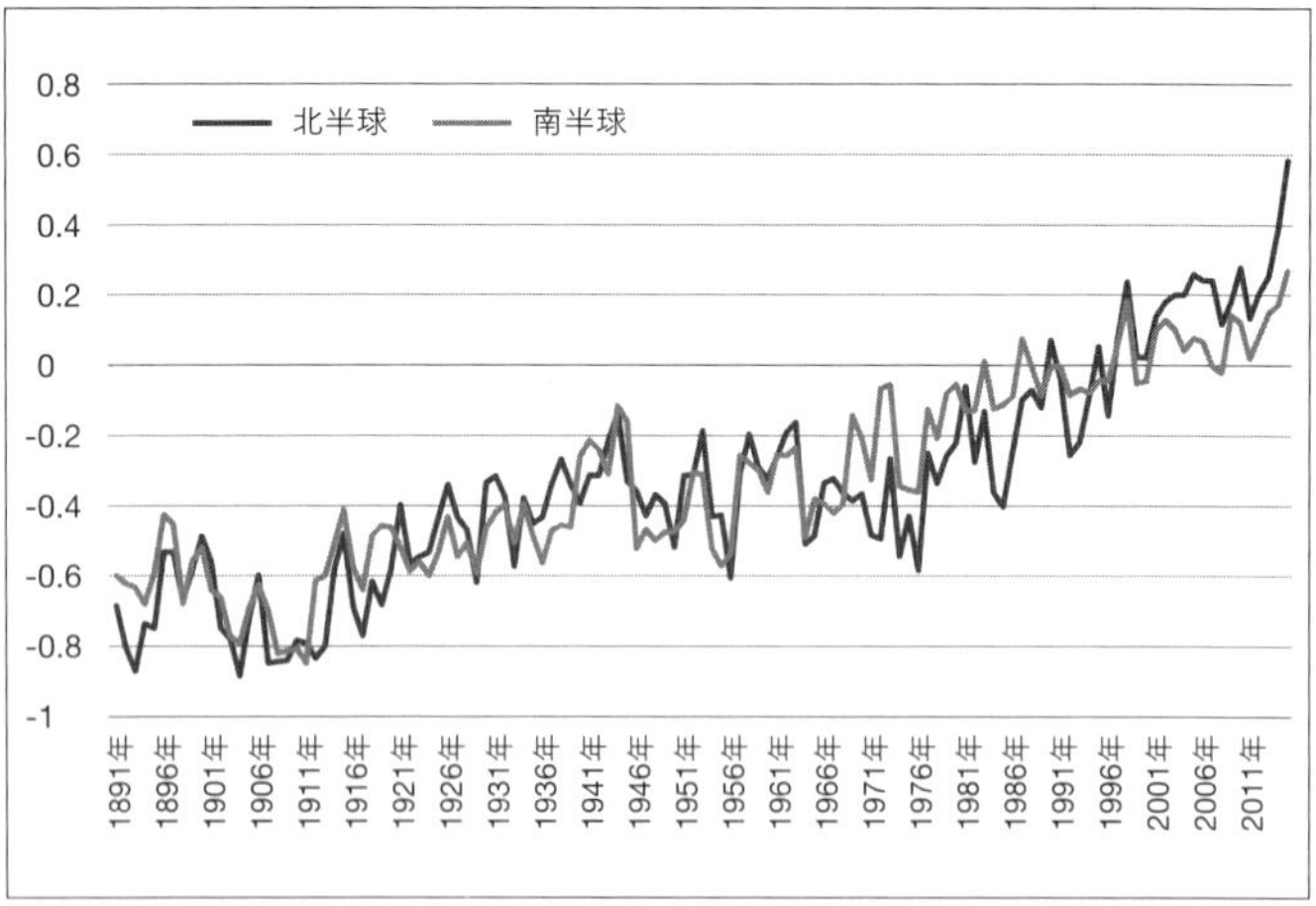

出所：気象庁データに基づき筆者

向にあることが北半球、南半球ともに確認できます。なかでも、とくに目立つのが最近10年間における急速な気温上昇の様子です。

「奇跡の1万年」の終わり

これは異常事態でしょうか？　しかし、青山学院大学の岸田一隆教授は著書『3つの循環と文明論の科学』[5]のなかで、現代の気温は過去の「間氷期」との比較で考えれば低いほうであると指摘しています。また、同時に温室効果ガスの7割強を占める二酸化炭素濃度も低いほうの部類に入るとのことです。

「氷河学」という学問に基づくと、現代はグリーンランドや南極に氷床が残る「氷河期」に分類されます。氷河期は、さらに「氷期」と「間氷期」に分かれます。地球が46億年前に誕生して以降、氷期と間氷期を約10万年単位で繰り返し、現在は間氷期に当たります。

もっとも近い時代で氷期が終わったのが約1・2万年前で、岸田氏は現在の間氷期を「奇跡の1万年」と表現しています。これは、間氷期の期間も地球の長い歴史のなかではかな

5　岸田一隆『3つの循環と文明論の科学？人類の未来を大切に思うあなたのためのリベラルアーツ』エネルギーフォーラム、2014年

りの気温の変動を経験しているのですが、この1万年の間は、比較的温暖で気温の変動幅も小さい期間であったことを表したものです。

ここまで聞くと、現在私たちが直面している地球温暖化などは楽観的に考えていいように思えますが、岸田氏が懸念しているのは、気温や二酸化炭素濃度の絶対値ではなく、上昇の急激さにあります。せっかく私たちが恩恵を受けている「奇跡の1万年」が、急激な気温変化により刺激され、これが大きな気候変動の要因になることへの懸念です。

二酸化炭素排出量について、日本、アメリカ、中国を抽出して調べたものが図表1-6です。中国は目覚しい経済成長と歩調を同じ

図表1-6　日本、アメリカ、中国の二酸化炭素排出量

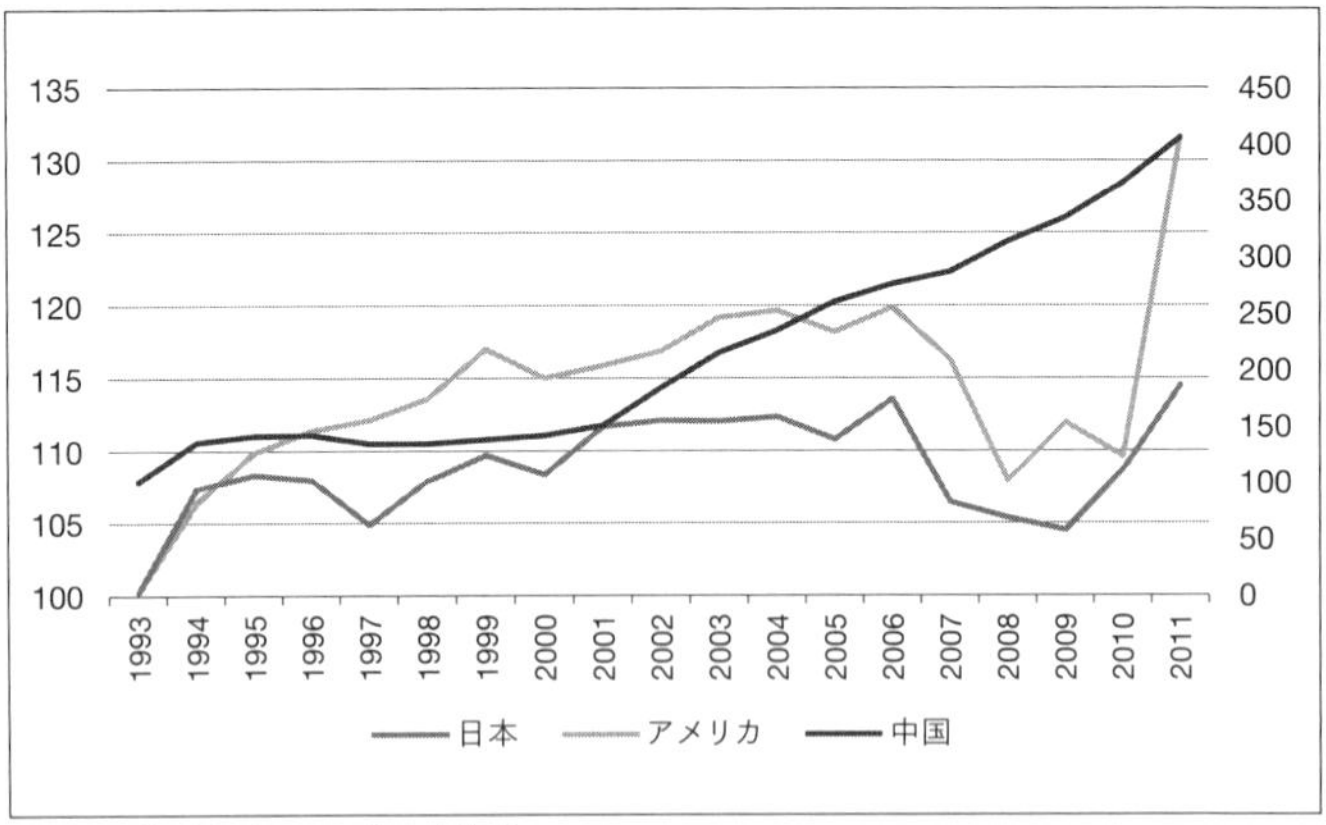

出所：国際連合データに基づき筆者
注：各国の1993年における二酸化炭素排出量を100とした場合の推移（右軸は中国）

くして、急速に二酸化炭素排出量を増加させています。一方で、日本とアメリカは、2008年のリーマンショック以降に排出量が減少した時期もありましたが、こちらも近年増加傾向があります。

氷期が来る？

岸田氏の指摘は、地球温暖化の急速な進展がもたらす「奇跡の1万年」の終焉の怖れですが、これと同様に急速な地球温暖化がもたらす劇的な気候変動に警鐘を鳴らしたものがアメリカでもあります。

シナリオ分析に定評があるピーター・シュワルツらが、2003年にアメリカの安全保障に与える気候変動の影響を分析した論文[6]が話題になりました。この論文はアメリカの国防総省に対して報告されたものですが、地球温暖化による海流の大幅な変化により、南半球による気温上昇と北半球における大幅な気温低下のリスクを指摘したものです。

いずれの指摘も、気温や二酸化炭素の絶対量よりも急激な変化がもたらす海流などの地

6　Peter Schwartz and Doug Randall, "An Abrupt Climate Change Scenario and Its Implications for United States National Security", 2003, the Pentagon

球環境への刺激を問題にしたものです。

２０１５年には、ＣＯＰ21（国連気候変動枠組み条約第21回締約国会議）がパリで開催され、先進国だけでなく途上国を含むすべての国が参加する枠組みを目指していますが、各国の利害対立は激しく、地球全体としての抜本的な改善の枠組みには長い時間を要するでしょう。

その間も着実に温室効果ガス排出量は増え続ける見通しです。図表１−７はアメリカ環境保護局がまとめたこれまでと今後の温室効果ガスの排出量の遷移状況ですが、２０３０年には２０００年の１・５倍以上にふくらむとの厳しい予想となっています。

図表1-7　世界全体の温室効果ガス排出量

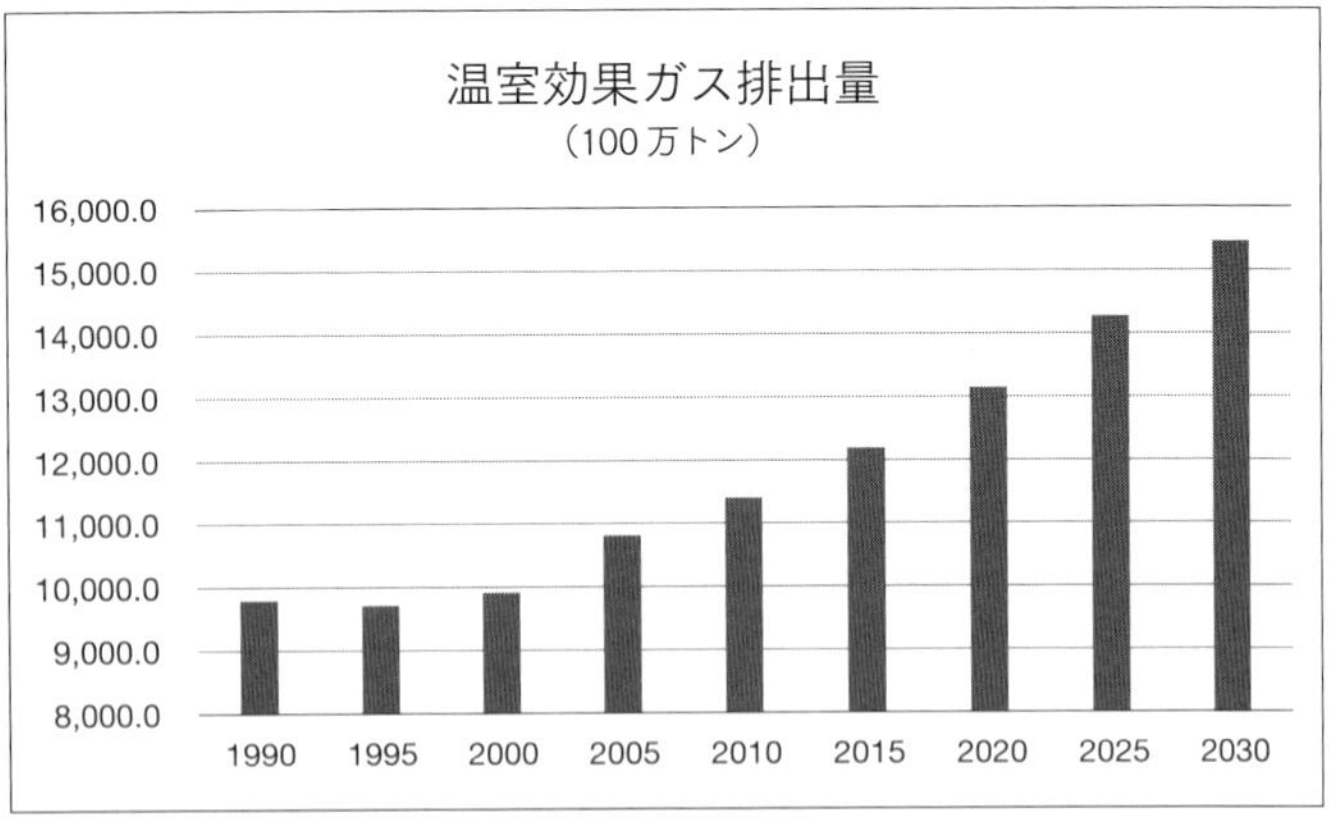

出所：アメリカ環境保護局データに基づき筆者
注：2020年以降はアメリカ環境保護局の推定

人口の指数関数的拡大

岸田氏は、温暖化ばかりでなく地球環境の過度な消費について、人口の指数関数的な増加を要因として取り上げ、人口の爆発的な増加のきっかけを「3つの革命」として整理しています。

第1の革命が、約10万年前における脳の進化です。生活手段に対する知恵の発展が、人類の発展の足がかりとなったものです。

そして第2の革命が、約1万年前の農業の導入です。不安定で十分な人口を支えきれない狩猟中心の生活から、安定的な食糧の基盤

7　Colin McEvedy and Richard Jones, 1978, "Atlas of World Population History," Facts on File, New York

図表1-8　世界の人口の推移（100万人）

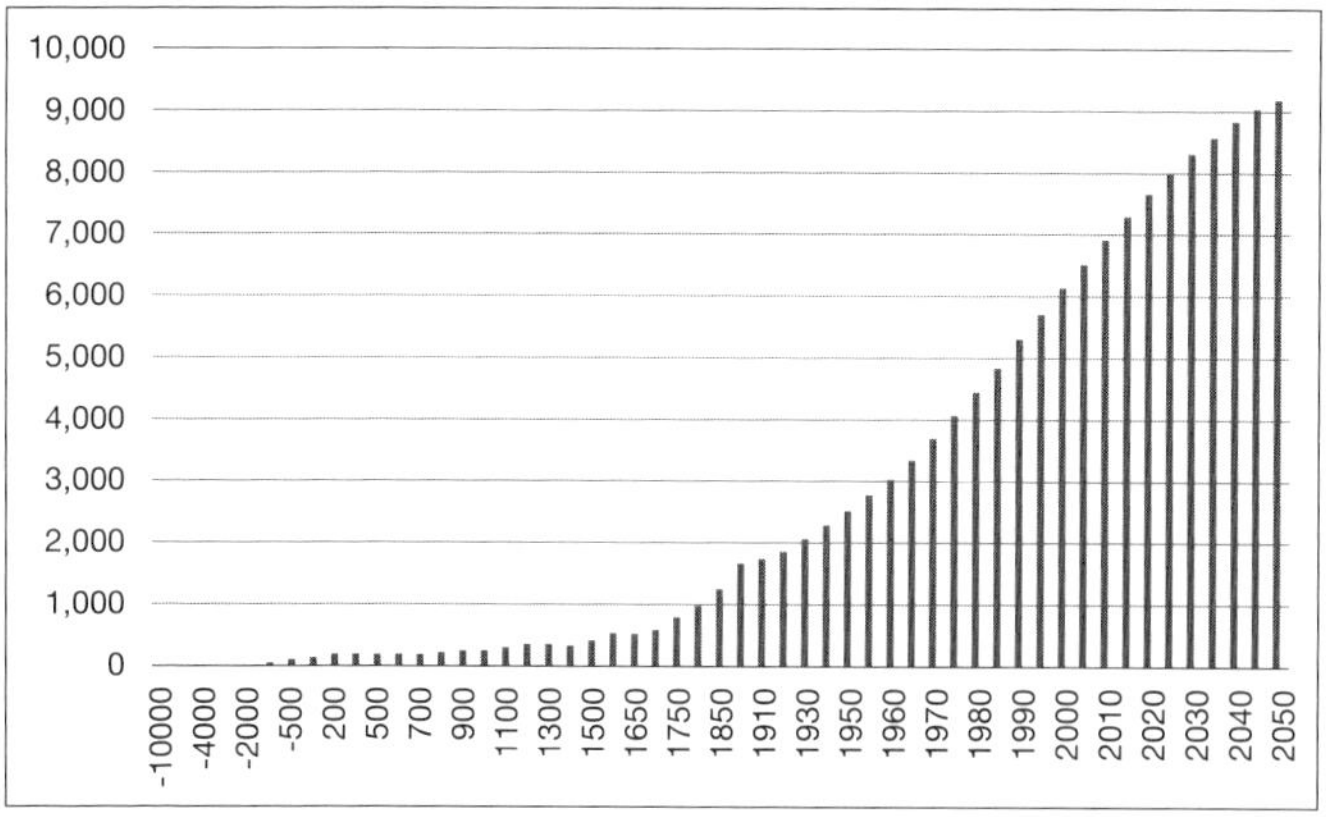

出所：1700年以前はマカベディ等（1978）[7]、以降は国連経済社会局データに基づき筆者
注：2020年以降は国連経済社会局推定

がもたらされたことで、人口増加に拍車がかかりました。

そして最後に、第3の革命として18世紀の産業革命です。産業革命は生産手段の向上による産出量の劇的な増加と同時に、ライフスタイルの変化としての多消費化をともなうことになりました。


人口の増加について、紀元前1万年以降の遷移を見たものが図表1－8です。横軸の年代が昔に行くほど長期間を細かな距離に押し込んでいるため、実際はこのグラフで見るより急速で幾何級数的な増加が18世紀以降にあったのです。

この人口増加が、地球環境の消費に拍車をかけて、さまざまな環境上の負荷を高めてきたことは想像にかたくありません。

（2）　エコロジカル・フットプリント

地球がもう1つ必要!?

本書の冒頭で、「地球があと1・6個分ないと現在の地球上の人口と現在のライフスタイルを支えきれなくなる」ということを述べました。この計数的根拠を提供しているのが、NPOのグローバル・フットプリント・ネットワーク（GFN）です。GFNはアメリカで2003年に設立されたNPO団体ですが、世界各国にネットワークをもつほか、WWF（世界自然保護基金）などと協働しながら、地球環境の過剰な消費について警告を与え続けています。

GFNによる、地球環境の消費を数値化した指数が「エコロジカル・フットプリント」です。この指数は、人類が経済活動を行うことにともなって発生する、地球上の自然資源などに対する需要と圧力を示したものです。それを、バーチャルな土地の面積として表現しています。

たとえば、牧畜による生産活動を考えましょう。

牛乳や牛肉を生産するためには、牧草地が必要となります。牧草以外の餌となる穀物を育てるための農地も必要となります。牛の呼吸にともない発生する二酸化炭素や、ゲップによるメタンガスなどはともに温室効果ガスですが、これらを吸収するための森林資源も、私たちが意識しないだけで、潜在的に必要となっているのです。

もちろん、生産活動ばかりでなく、ここまで増えた人口が呼吸する二酸化炭素や、食事、移動手段、遊興などさまざまな生活上の環境負荷もカウントしなければなりません。

地球1・6個分をすでに使っている

このエコロジカル・フットプリントを、2016年時点における人類の消費の大きさで計算すると、地球1個分の生産量に対して、1・6個分の地球環境を利用していることになります。

2016年時点で0・6個も多く地球環境を利用しているのに、人類はなぜ即座に絶滅しないかというと、現在オーバーしている量は、将来の地球環境を前倒しで消費してしまっているためです。

現在のペースで人口が増え、ライフスタイルの多消費化が進めば2030年には、地球2個必要となるという試算結果が出ています。

これが、もし、インドや中国の人々がアメリカ人と同じライフスタイルを送るとなったらどうなるでしょう？　GFNの試算によると、現時点で地球5個以上が必要となるようです。

世界の人々がアメリカ人になったら？

GFNのデータによれば、地球環境への負荷で明らかに大きいのは二酸化炭素であるということです。

世界的な人口増加は、ライフスタイルの変化とともに地球環境への負担を加速度的に高めます。先ほど述べた、中国・インドの全人口がアメリカ人のライフスタイルとなれば、という例えは現実的ではないかもしれませんが、開発途上国が経済成長を遂げていくなかで、1人当たりの環境消費が高まっていくことは予想がつきます。

私たちは、明確な危機に直面しないと、地球X個分の消費を行っている認識が生まれないかもしれません。しかし、そのときはすでにゲームオーバーになっているはずです。

4　市場経済暴走の経済学

（1）無限の欲望と有限の資源

欲望と資源の分配

これまで、格差の拡大と地球環境の過剰消費という側面から、持続可能性への阻害要因を検証してきました。最後に、私たちが恩恵をこうむっている市場経済について、問題を考えたいと思います。

そもそも経済学は、人類がかかえる無限の欲望に対して限られた資源をいかに効率的に活用するか、それを多種多様な欲望にどのように分配していくか、などといった基本命題に向き合った学問です。欲望が果てしないこと、そして、資源に希少性つまり制限があることなどが前提です。

これらの前提は、私たち人間の心の本質と、与えられた環境を端的に表しています。欲望が有限であるか、資源が無限であれば、こうした命題はもち上がってこないはずですから。

経済学が目指す社会の最適化

「市場」は、限られた資源を、人間の「効用」、つまり幸福感に基づいて配分するという、きわめて有能なシステムです。しかし、人々の欲望を暴走させる危険性も備えています。

人々は、自らの欲求を満たすため、限られた資源（労働力、資本、原材料）をもとに生産やサービスの提供を行います。ところが、生産・供給されるものは有限であるため、人々に上手に分配する必要が出てきます。有限な資源という予算制約のもとで、人々の満足感すなわち効用を最大レベルに引き上げることが可能であれば、社会全体としてのよろこびが極大になるというのが、経済学が目指した社会厚生の最適化です。そして、それを可能とするツールが、価格を媒介とした市場メカニズムです。

商品に限りがある場合、安い値段なら買ってもいいと思う人よりも、高い値段を払ってでも買いたいと思う人に商品がわたったほうが、消費者全体の満足感は大きくなるはずですね。たとえば、私はアイドルグループと握手する権利には10円程度でも迷いますが、10万円払っても獲得したいという人もいると思うので、1000円で価格設定されれば、私ではなく10万円払ってもいいと思う人に想定より安い価格で配分されることになり、社会全体の幸福度はよくなるはずです。

一方、商品を供給する立場から見ると、販売による利益の大きさが生産者・供給者の満足感と考えます。そうすると、一定の価格に対して、より安い価格で供給できる人々（効率的供給者たち）に商品供給が委ねられることが、供給者全体の利益を高め、供給者の満足度を極大化することができます。

経済学において、前者が消費者余剰で、後者は生産者余剰といいます。需要曲線と供給曲線が一致する点で、消費者余剰と生産者余剰の和が極大化されるため、需要と供給を価格で一致させる市場メカニズムがもっとも効率的なシステムであると考えられます。

利益を追い求めレバレッジの利いた投資を行い、金融商品・非金融商品を問わずさまざまな財やサービスの価格が上昇することを前提に金融技術を駆使する、そうした行動の結果が金融危機をもたらしました。すなわち、はてしない経済的欲望の帰結です。

(2) 金融は膨張する

「どこでもドア」のような市場

金融は市場なしに語れませんし、一般的な財やサービスに比較しても、市場メカニズム機能をもっとも効率的に発揮させやすい性質を備えているのが金融市場です。金融市場であつかわれる商品は、多彩で無数の広がりをもっています。

金利、外国為替、株式などの基本的な商品のほか、これらの商品をもととする(「原資産」といいます)先物やスワップ、オプションなどが市場で取引されています。株式などの典型的な金融商品ばかりでなく、実物資産を参照したデリバティブ契約もかなり普及し、さらに、「晴れ」や「雨天」などの天気をあつかう天候デリバティブなど、イマジネーションの数だけ金融市場で取引される種類が増えていくといっても過言ではありません。

こうした取引では、農作物や工業生産物とは異なり「形」がないため、時間や空間といった制約を受けません。ですから規制などの制約がなければ、ドラえもんの「どこでもドア」のように国境を越えて24時間取引が可能です。つまり、物理的移動をともなうこともなく、時間経過にともなう劣化などの心配もないため、金融市場はあらゆる情報が瞬時に価格に反映される、きわめて効率的な市場と考えていいと思います。

制約がない＝増殖しやすい

このため、金融取引は市場主義の凝縮ともいえます。かたちをともなわないだけに、取引される対象商品は自在につくられ、取引量に制限がなくなります。そして、一般的な財やサービスが有限であるのに対し、金融商品の存在は無限に増殖する可能性を秘めています。

たとえば、外国為替取引を行う場合

図表1-9　金融市場の無限性と実物資産市場の有限性の乖離

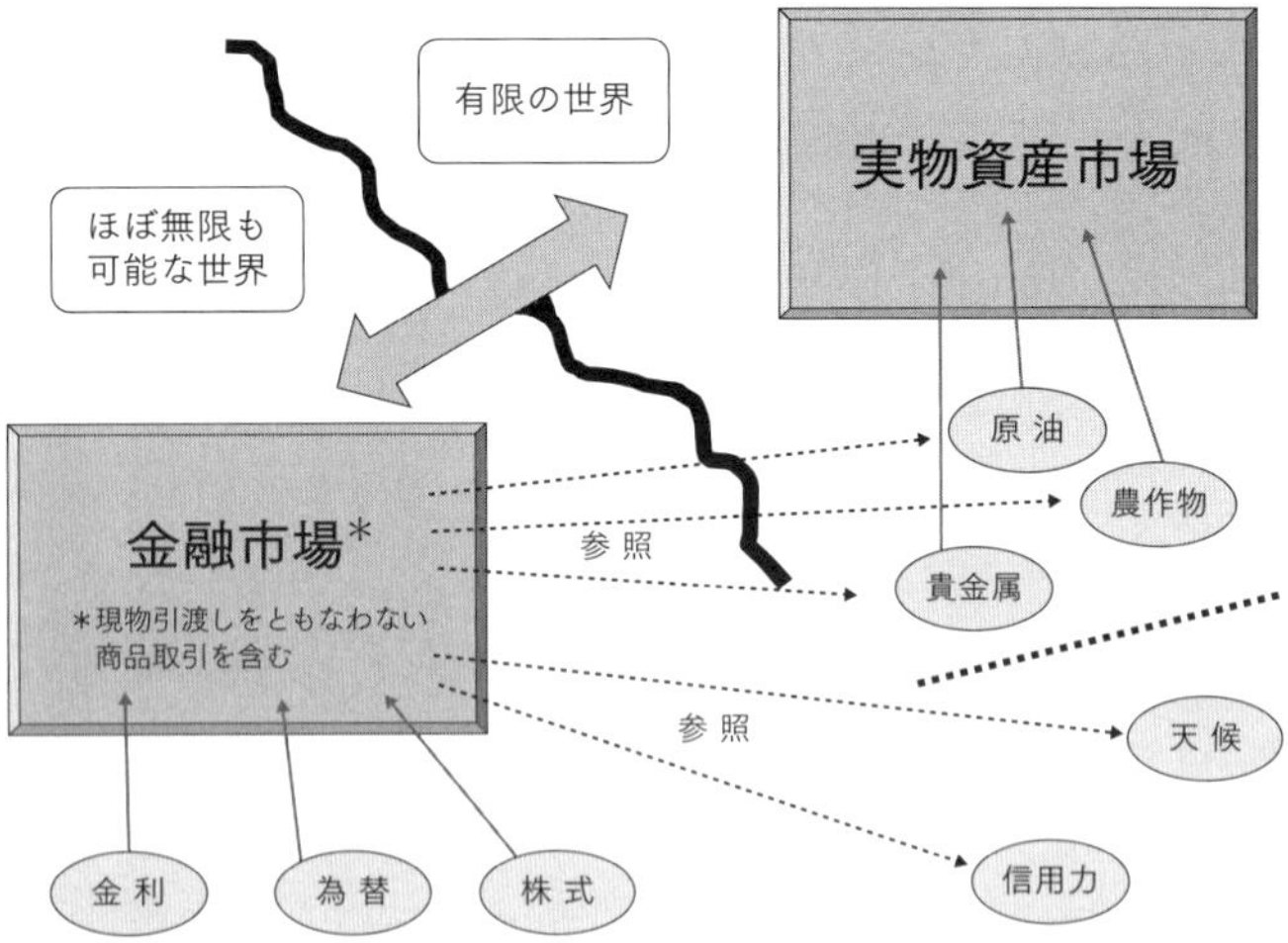

出所：筆者

に、理論的にはアメリカの連邦準備銀行が発行した米ドルの金額をはるかに超える金額の取引も可能です。[8]異なる金利を交換する金利スワップにしても、想定元本[9]の大きさに制限はありません。

原油などの実物資産に基づくデリバティブ取引などについても、有限である原油という実物資産の取引であるにもかかわらず取引高に制限はありません。これは、参照しているのがたまたま実物資産なだけであり、これに基づく金融商品の取引は、実物資産の資源量を超過してもおかしくないのです（図表1－9の概念図を参照）。

金融商品はイマジネーション数だけ種類があり、取引可能な量にも物理的な制限がありません。したがって、通常の商品とは異なり取引される商品が無限であれば、膨張する欲

8　取引に際してはマージン等（担保、証拠金）が求められるため、その総額が取引の上限を決めるということもある。
9　たとえば、変動金利（銀行間取引レートなど定期的に見直される金利）と固定金利（契約期間中の金利水準は一定）の交換を行う場合、資金の受け渡しを計算するのに用いられる元本額。1000億円の想定元本として、毎年1％の固定金利を受け取る場合、1000億円×1％＝10億円を受け取る取引となる。その場合は、1000億円にその時の変動金利を乗じた金額を支払う。

望に対して整合的に取引がふくらんでいってもおかしくはないのです。

換言すれば、無限な欲望に対して、有限な資源という制約が失われるため、市場原理は金融を自己膨張させやすい危険性をはらんでいるということです。その過程で、経済と表裏一体のはずの金融が実物経済からどんどん乖離していっても不思議ではないのです。

（3）リーマンショックが証明した欲望の連鎖

持続可能性を危うくする金融市場の「欲」

これまで述べてきたとおり、金融は市場主義の問題を凝縮した市場です。最後に、いかに金融市場の欲望が社会や経済の安定性や持続可能性を危うくするかについて述べたいと思います。

金融危機は、「欲望」と市場における取引対象の「増殖」が車の両輪となり、暴走を続けた結果、起こりました。ここで、簡単にアメリカ発の世界的金融危機にかんして、アメリカ国内の状況に焦点を当てて欲望の観点から整理しましょう。[10]

消費者の「欲」

第一に住宅ローンの借り手の「欲」です。

「サブプライムローン」は貧民向け住宅ローンだという解説をよく聞きますが、実際に問題となったのは中間所得者層が、自己居住用ではなく投資目的としてセカンドハウスやサードハウスとして購入した住宅の資金手当てのケースが多かったのです。

住宅ローンの仕組みは日本とアメリカでまったく異なります。日本では、住宅ローンは「リコースローン」という形態になり、返済不能に陥った場合は担保に入っている住宅だけではなく、預金から家具にいたるまで債務者の財産がすべて銀行からの資金回収の対象となります。このため、返済が難しくなった場合は、自己破産に直結してしまいます。

10　詳細は石山嘉英・野﨑浩成（2014）での解説を参照されたい。

ところが、アメリカでは「ノンリコースローン」という形態で、返済不能という事態が当該抵当権の付いた不動産以外の財産への遡求にはつながらないのです。このため、地価上昇を狙った投機的な住宅購入が気楽に行えました。これが日本とアメリカの基本的なインセンティブへのはたらきかけの差となり、サブプライムローンを媒体とした信用膨張が発生しやすい素地をつくったのです。

銀行の「欲」

第二に、銀行による住宅ローン供給にかかわる「欲」です。

アメリカでは、住宅ローンを貸したとたんに第三者にその住宅ローンを売却するＯＴＤ（Originate-To-Distribute）というモデルが一般的です。実際は、銀行が証券化のために儲けたペーパーカンパニー（特別目的会社）に住宅ローンを譲渡して、それを証券化商品のかたちで第三者に販売するものです。

住宅ローンを貸しても銀行のバランスシートに残らないため、審査が甘くなるという傾向が昔から指摘されていました。審査にコストをかけないというのは、よくいえば効率化なのですが、最終的にリスクを背負う投資家などに対しては不誠実な対応といわざるを得ません。

なお、日本の銀行では、良質な資産としてバランスシートに残す傾向が強いため、こうしたモデルによる問題はあまり発生する心配がありませんでした。

格付機関の「欲」

第三に、証券化商品の流通にあたって、責任を免れないのが格付機関の「欲」です。

格付機関は証券化商品のもととなっている住宅ローンの内容を吟味したうえで、証券化商品の安全性を示す記号である格付けを付与し、そ

図表1-10　アメリカ発金融危機発生の背景

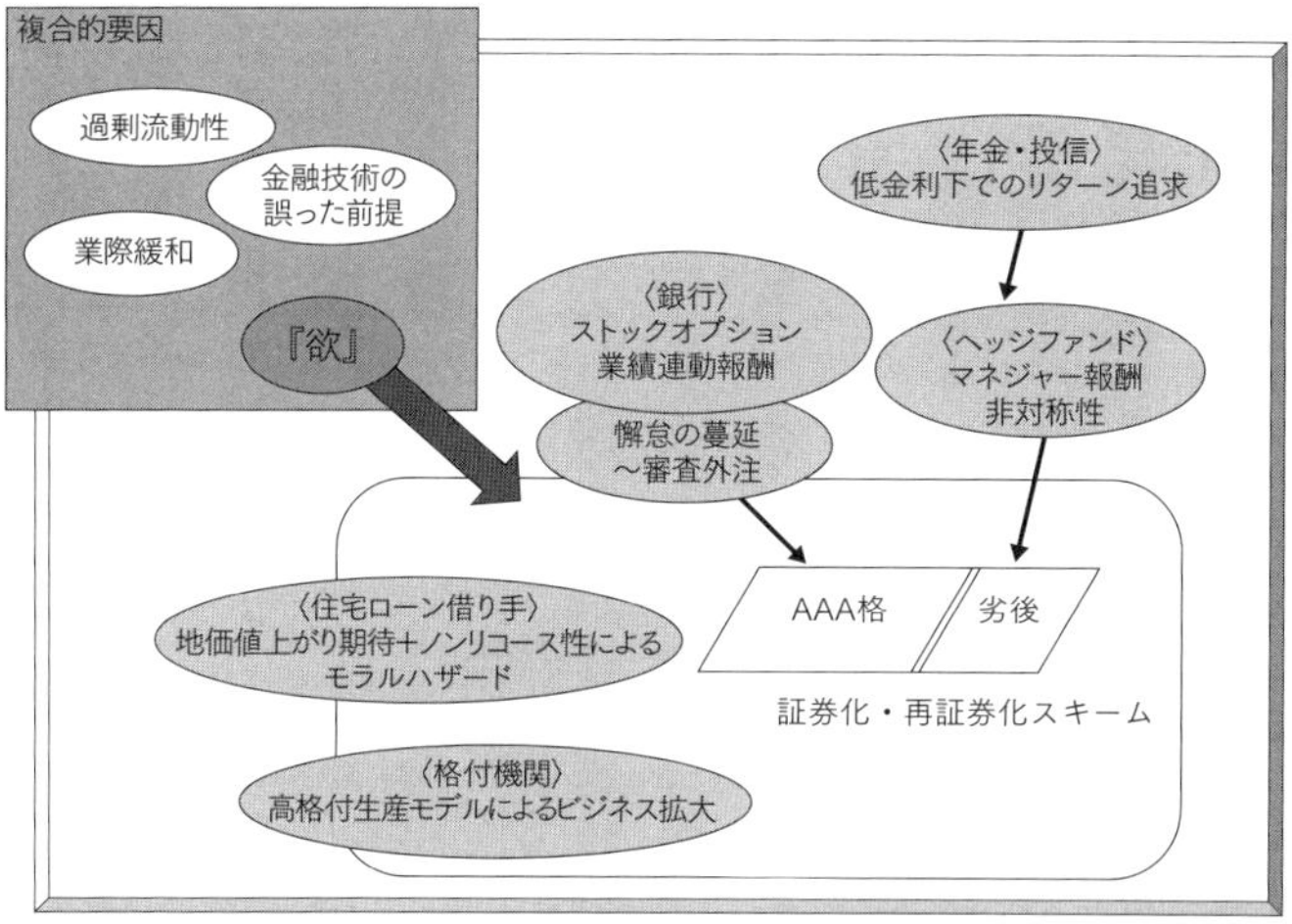

出所：筆者

れで手数料を稼ぎます。

住宅ローンは1件当たりの金額が小さく、無数に組み込まれているため、格付機関が借り手1人ひとりについて精査することはありません。確率論には「大数の法則」がありますが、住宅ローンの返済不能のリスクは、件数が多いほど平均的な理論値に近づくという前提に沿って審査を行います。

ここで機械的な判断は行われたのです。大数の法則は、独立した事象が数多く集まったときに成立するわけで、なんらかの共通する特性に集中が存在すると、思うに任せなくなります。

事実、ふたを開けてみたら「バブル」と見られていたフロリダ州やカリフォルニア州といった地域の住宅ローンに偏った構成となっていたため、想定以上に貸し倒れが発生する事態となりました。

資産運用者や金融機関経営者の「欲」

最後に、資産運用者や金融機関経営者の「欲」です。

銀行などの経営者は、株式をはじめとして業績連動した報酬を受け取ります。また、顧客から資金を預かって運用する運用担当者（ファンドマネジャー）も、運用の結果としての成功報酬が大きな部分を占めます。

そうなると、地道に銀行経営するよりも、多少リスクを取っても高い利益を目指す経営に舵をきりやすくなります。ファンドマネジャーも同様で、ローリスク・ローリターンよりもハイリスク・ハイリターンの運用へと心が誘われてしまいます。

これがいわゆる「報酬の非対称性」です。儲かれば報酬は青天井、失敗すれば最悪クビですむという構造で、これが「非対称」とよばれる理由です。このため、金融機関の経営者はレバレッジを利かせた経営を行い、短期資金の調達で自転車操業によるレバレッジ拡大にいそしんだリーマン・ブラザーズは破たんを余儀なくされました。ヘッジファンド等のファンドマネジャーは、運用に成功すれば破格の報酬を受け取れるため、安全資産の運用から背を向け、レバレッジが利いた高リスク資産への運用を傾斜させることとなったのです。

規制や監督だけでは欲のコントロールは限界

金融危機は市場の失敗であるという整理のもとで、グローバルな金融規制の強化が進んでいます。しかし、人々がかかえる欲の存在はつねに金融の不安定要因になります。

人間の欲を規則や法令で縛ることは困難です。道徳や倫理観である程度の改善を見ることは可能かもしれませんが、これに大きな期待をかけることは現実的ではないと思います。なんらかの工夫を私たちは考えなければなりません。

本章では、私たちが現状にもやもやした不安や不満をかかえる要因として、持続可能性を脅かす問題があることを取り上げてきました。おもな焦点は、格差の問題や地球環境の問題です。しかし、金融の膨張が格差や地球環境等の実体経済に大きな影響をおよぼしうることも同時に認識しなければなりません。

次章以降では、これらの問題を踏まえて解決策を探っていきたいと思います。

第2章　仏教経済学と定常経済

私たちが、これからの社会の持続可能性にかんして、2つの異なった種類の不安定要因をかかえていることを明らかにしてきました。

①世代間の勝ち負けの遺伝をともないながらの格差の拡大が、社会的な基盤を揺るがしかねないこと。

②より本質的な問題として、地球環境が私たちのいまの暮らしぶりを支えられない状況にあること。

次に本章では、「仏教経済学」と「定常経済」という、古くて新しい持続可能性に軸足を置いたテーマについて見ていきましょう。そして、この考え方をこれから私たちが進む方向のアイデアの1つとして役立てられればと思います。

1　持続可能な社会に必要なもの

（1）持続可能性って本当に必要なの？

そもそも持続可能性とは

「持続可能性」とはよく聞く言葉ですが、いったい具体的に何を指すのでしょう？

私なりに定義すれば、「人類を含む地球上の生態系が、滅びることなく安定的かつ永続的な生活を営むこと」となります。安定的で永続的な生活を支えるための条件としては、人類が飢えずに生命を維持していける環境が絶対的な必要条件となります。なお、私の定義では「地球上の」という断りをつけましたが、科学技術の進展により、地球外に種族保存のための環境を確保することが可能となれば、定義の修正は必要となります。

さらに、安定的な生活を送る対象は全人類であるため、人間として尊厳のある生活を確保できる社会であることも追加的な条件、いわば十分条件となります。これを脅かす要素としては、第1章で取り上げた格差の問題があります。

安定的な生活において、経済成長は絶対条件ではありません。むしろ、永続的な成長などは想定できません。このため、経済規模や人口の増加をともなわない安定した社会や経済を「定常型社会」あるいは「定常経済」とよびます。

地球環境を含めより広い視点から、安心して暮らせるための仕組みづくりを考えていくときに、不可欠な転換が、「成長型社会から定常型社会へ」です。

現在は、株式市場も、メディアも、そして何より政治家が、経済成長に全神経を注ぎ、一喜一憂しています。しかし、成長を続けることは、それが人口であれ経済規模であれ、持続可能なものではないのです。

「いま」幸せならそれでいいのか

価値観は人それぞれ異なりますし、多様な価値観を受容することは1人ひとりの個性、尊厳、生き方を尊重しながらコミュニティを形成するうえで必要なことです。そして、誰しもが「いま」を幸せに生きることが大切なはずです。しかし、「いま」における幸せばかりでなく、自分の人生の将来における幸せ、そして死後の子孫の幸せと、さまざまな時間軸での幸せも同様に大切です。

なかには、現在の刹那的な幸福感の充実が何よりも重要な人もいれば、人類全体の、あるいは生きとし生けるものの未来永劫の幸せを希求する人もいるでしょう。時間軸のどこに軸足を置くかについては、価値観の多様性によるものですから、一意的に決まる正義などはありません。

持続可能な社会は誰のメリットになるのか

価値観が多様になるなかで、人類が生み出した知恵の1つが民主主義、あるいは民主政です。しかし、国民投票のような直接民主主義にしても、議会に託す間接民主主義にしても、その時点における選挙権の所有者の意見しか原則として反映されないのが最大のデメリットともいえます。

現在は、景気をよくするために、国の債務を増やしながら財政支出を拡大する選択が日常的に行われています。増えた債務は国民全体が背負うわけですが、多くの場合、その時点で政策を直接的にも間接的にも選ぶ権利を与えられていない子どもたちや、将来生まれ来る世代に転嫁されます。

持続可能性の論点はここに重なります。

いまを生きる人々にとって、現状の利益を最大化させようとするインセンティブがあるのは自然です。では、その後の遠い将来までを気遣う必要性はあるのでしょうか？

私たちが考察するもっとも限定された対象は、「自分」です。そこから徐々に範囲を広げていくと、「家族」「町」「国」「人類」「生態系」「地球環境がつつむすべて」と考察対象が拡大します。

一方で、時間軸までを含めると、もっとも限定された「いま」から、「自分の生きていられる時間」「子どもが生きている時間」「子孫が生きている時間」「地球が存続していける時間」などと、こちらも考察対象が拡大していきます。

どの範囲の利益を考えるべきかといえば、理想としては、考えられる範囲のすべてを考えるべきではないでしょうか。「いま」の「自分」だけの幸福感を求める結果として、将来における持続可能性についての不安が増せば、その分現在の幸福感が希薄化してしまいます。１００の資産があっても使ってしまえば、将来残されるのは20かもしれません。より長い時間軸で考えることが不確実性や不安を減らせます。

そこで、利益を考える対象を「主体軸」と「時間軸」の総体として広げることが大切です。本章では、その手がかりとなるような研究について学んでいきたいと思います。

（2）「現代経済学」と「定常経済学」

経済学が考える幸せ

あらゆる学問には、究極的には「人を幸せにする」という目的があります。経済学もその例に漏れません。政府の役割や金融政策の有効性などの視点から、学派によって考え方の違いはあるにしても、限られた資源のもとで人々の幸福感の最大化をもたらすことを目指す点では、おおむね一致しています。

しかし、そうであっても、あくまでも現在活動している経済主体を念頭に置いたものでしかない場合が多いのです。

これから紹介する「環境経済学」というカテゴリーに分類されるもの以外は、人類あるいは生態系全体の長い歴史のなかで、一部の利益しか考察の対象にしていないという点が問題となります。

「定常経済」という考え方

持続可能性を高めるヒントとして、シューマッハーの「仏教経済学」とデイリーの「定常経済」を本章で取り上げます。

詳しくは後述しますが、仏教経済学は、自然の豊かな発展途上国における乱開発を目の当たりにしたシューマッハーが、偶然触れた仏教の教えを、経済政策などに活かそうとしたものです。シューマッハーは生涯キリスト教徒でしたが、こと持続可能性を考えるうえでは、仏教の思想を経済政策に反映させる必要性を切実に感じたようです。

デイリーの定常経済は、地球環境から切り離されたかたちで確立されてきた近現代の経済学に対する反発が前提となっています。環境が経済活動を無制限に受け止められればいいのですが、経済活動の規模が増大するにしたがって、相対的に地球環境の規模に「希少性」が出てきたためです。

これら2つの経済学の体系を詳しく見ていく前に、今日にいたる経済学体系の基礎部分にも、成長や経済発展にかんする懐疑性が存在していたことを簡単に述べておきましょう。

アダム・スミス同様に、イギリスの古典派経済学のカテゴリーに入り、経済学の基礎をつくった貢献者の1人が、ジョン・スチュアート・ミル（1806〜1873年）です。ミルは経済学者であり、哲学者でした。『女性の解放』では、不当な差別にある女性の権利を回復し、男女同権とすることが近代社会の原則であるという先駆的な主張を行う一方、すべての人の教育の重要性を説いています。そして、『功利性の原理』では、大多数の人々の最大の幸福の追求という、経済学的な考え方の基礎を哲学的に主張しました。

ここで取り上げたいのは、ミルが『経済学原理』において唱えた「定常状態」です。同書では、経済学を勉強した人が最初に学ぶ収穫逓減の法則をもとに、「人口の増加は農業生産物に対する需要の増加を意味する。この需要は、産業上の改良が行なわれない場合には（中略）より多大の費用をかけて耕作するかして、生産費を増大させることによってのみこれを満たす」などと述べ、人口抑制の必要性を強調しました。

その文脈で、資本や人口などの増加を示す「経済的進歩」と、倫理的道徳的進歩を示す「人間的進歩」を峻別したうえで、経済的進歩が不在であっても人間的進歩がある定常状態こそが安定性をもたらすものだとしています。この考え方が、デイリーの定常経済の考え方に影響をおよぼしました。

2　ケインズの弟子が提唱した「仏教経済学」

(1)　シューマッハーの目覚め

ビルマの経済顧問に

では、持続可能性を取り戻すためには、何が必要なのでしょう?　ヒントの1つを与えてくれるのが、仏教経済学(Buddhist Economics)です。

エルンスト・フリードリッヒ・シューマッハー（E.F. Schumacher、1911〜1997年）は、ドイツに生まれ、政治学者であった父の影響もあってかアカデミズムを志し、ドイツ、イギリス、アメリカで経済学を学んだ後、第二次大戦前にイギリスへ移住しました。この背景には、ナチスドイツへの嫌悪感があったようです。

その後、ドイツ国籍をもっていたことから大戦中は敵国外国人として収容されますが、この時期に書いた論文がケインズの目に留まり、[11]ケインズからの紹介によりオックスフォード大学でポストを与えられました。そして、敗戦国ドイツの復興のためのイギリスの政府組織（British Control Commission）、イギリス石炭公社などの経済顧問として働き、1955年にはビルマ（ミャンマー）[12]政府の経済顧問として招かれることとなりました。これがシューマッハーの人生を大きく変えることとなったのです。

11　実際にはシューマッハーがケインズに論文を送ったとされる。
12　名称変更を認めていないアメリカやイギリスではいまだにビルマの名称が使われている。

キリスト教徒シューマッハーによる仏教経済学

シューマッハーは、ビルマで暮らす人々の生活に触れながら、仏教のもつ哲学的な概念などを学び、消費量や生産効率を効用の間尺とする現代経済学におおいに疑問をもつにいたりました。

宗教色の強い理論構成などからくる表面的印象からは、「一部の宗教の世界観へ傾倒している」といった先入観をもたれがちです。しかし、シューマッハーは、現代経済学の基礎を築いたジョン・メイナード・ケインズに師事するなど、偏った思想に染まった人物ではない点を強調しておきましょう。また、彼は仏教徒ではなく敬虔なクリスチャンです。なお、現代経済学を批判した仏教経済学の大本をなす論文は1966年に発表されましたが、より人々の知るところとなったのは、冒頭で紹介した1973年出版の『スモール イズ ビューティフル』（原書名 Small Is Beautiful: Economics As If People Mattered）です。

「簡素」と「非暴力」

シューマッハーが、とくに仏教の思想から見出したのが「簡素」と「非暴力」です。少なく消費してより大きな満足感を得られることが、資源をめぐる紛争を回避する道である、という思想に強く影響されることとなりました。また、労働を苦役ととらえず、自己実現の機会ととらえる点も、シューマッハーがかつて研究した現在経済学が欠いている発想であると考えたのです。

こうした思想に基づく1つの政策的提言が「適正技術」（Appropriate Technology）です。シューマッハーは開発途上国における森林伐採など環境破壊を目にし、第三世界の開発には先進国の技術をもって近代化をはかるよりも、地域の事情に合致した技術、つまり規模が小さくとも地域の文化や環境を著しく変貌させない技術を、それぞれの地域に広めていくことが大切であると主張したのです。

それでは次に、この新たな枠組みの根本をなすシューマッハーの代表的著作『スモールイズ ビューティフル』について、簡単に紹介しましょう。

（2）　スモール　イズ　ビューティフル

石油枯渇への不安

この本が出版されたのは、第1次オイルショックにより世界的な混乱を来していた1973年でした。当時は、第4次中東戦争をきっかけに原油価格高騰にともなう激しいインフレーションと、石油など化石燃料資源の枯渇への不安が、世界経済を大混乱に陥れていました。この、社会情勢が不確実性を増大しているタイミングで、『スモール　イズ　ビューティフル』が出版され、経済成長の限界と、限りある地球資源の利用を最小限度に留めることで、適正なライフスタイルを示してみせたのです。

この本が、いかに未来予言的だったかを知ってもらうため、エネルギーについてシューマッハーが行った指摘を最初に紹介しておきましょう。

市場主義への痛烈な批判

第一に、彼がオイルショック以前からいだいていた問題意識です。

近代の科学技術の発展と物質的幸福を追求する風潮のなかで、「機械化のなかでの人間性の衰弱」「生活環境の破壊」「化石燃料など再生困難な資源の枯渇」という3つの危機を指摘し、物欲と物質市場主義からもたらされる暴力、すなわち自然破壊などを痛烈に批判しました。

この問題意識は、彼の石炭公社における経験が背景にあるものと思われます。従来の経済学において、投入資源が再生可能か不可能かの区別はありません。しかし、仏教の精神では、再生不能なもの（エネルギーでいえば化石燃料）の使用は再生可能なもの（自然エネルギーなど）の使用が困難なときに限って検討されるべきである、という主張です。これこそ、オイルショック以降、多くの国が取り組んできた再生可能エネルギーの開発の発想につながります。

原子力への警鐘

第二に、原子力に対する懐疑的な見方です。

本書はオイルショック以前に脱稿されたにもかかわらず、主要電源としての原子力への依存度が高まることを的確に予想しています。

シューマッハーは、原子力エネルギーの開発や普及は、放射性物質が外部に漏れるリスクを高めるとともに、テロリストの手にわたる危険性をも指摘しています。放射線を確実に安全な方法で処理・対処する確証が得られないなかでの開発は、毒性の強い物質を大量に蓄積していくことにつながる、とも指摘しています。

チェルノブイリ、スリーマイル島、フクシマと、歴史は彼の懸念が杞憂でなかったことを証明しました。シューマッハーは、経済的自由と技術力との関係においては、つねに自由の対価として「暴力的技術」をともなう危険性を認識すべきであると主張しています。

まさに、今日我が国が直面しているエネルギー問題が、半世紀も前に提起されているのは驚きです。

(3) シューマッハーの思想

「拡散する問題」に仏教経済学を

日本のシューマッハー研究で実績を残している高崎経済大学の武井昭教授によれば、近代科学技術や現代経済学は「収斂する問題」には有効だが、「拡散する問題」には対応できないと、シューマッハーの論点を整理しています。

「収斂する問題」とは、欲求充足のための工業化・近代化・都市化で、その延長線上に「拡散する問題」があるとしています。

「拡散する問題」とは、成長と衰退、自由と秩序のように相反するものが密接に絡み合っている問題で、現実的には格差、地球環境破壊や資源枯渇などの問題がこの拡散する問題に含まれます。

私たちは、「近代化を選ぶのか／伝統的で原始的な生き方を選ぶのか」という単純な次元で議論しても、建設的な解決策は生まれてこないことを認識しています。

アジアの仏教徒への期待

シューマッハーがアジアで心を痛めた乱開発などの問題は、まさに「拡散する問題」でした。しかし、シューマッハーは、自身がこの問題に対処するという考えはもっていなかったようです。むしろ、アジアの仏教徒に、仏教経済学の確立をうながすことで、自分たちの国における問題に向きあうことを勧めたかったのです。

シューマッハーは、アジアで目にした乱開発を踏まえて、あくまでもカトリック的な考え方を思想の基礎としながら、仏教的な考えがこうしたアジアの問題を解決すると考えたのです。

このため、シューマッハー自身は深遠な仏教の哲理にあまり触れていないものの、仏教がもつ「簡素と非暴力に基づく正しい生活」という考え方こそが、拡散する問題の解となるという考えにいたりました。

では、シューマッハーの経済学の考え方を踏まえて、仏教経済学の特徴について、さらに理解を深めていきましょう。

3　仏教経済学のポイント

(1)　仏教の基本思想

「悟り」「輪廻」「解脱」

シューマッハーは、ビルマにおける経験や、正視しがたい東南アジアにおける環境破壊などを観察していくなかで、仏教の精神に啓発されていきました。仏教経済学を考察する前に、その思想的背景となる仏教の基本的な教えについて、ごく簡単に触れておきたいと思います。

仏教は、いくつかに大別されます。釈迦の教えをもとに、おもに出家僧が釈迦を手本として悟りを目指す上座部仏教（大乗仏教の立場からは「小乗仏教」）、出家していない多くの人々の救済を目指す大乗仏教（密教の立場からは「顕教」）、宇宙の真理を大日如来から直接取り込もうとする密教などです。

それぞれ異なったアプローチがあるものの、共通して目指すものは「悟り」であり、悟りにいたらないがために何度も繰り返し生まれ直してくる「輪廻」という状態からの脱出、すなわち「解脱」をはかります。

悟りへ向かうためには、宇宙の真理を理解し、受け止め、昇華していく必要があります。

このプロセスのなかで重要な思想が、「四諦」（したい）と「八正道」（はっしょうどう）です。[13]

四諦、八正道については、シューマッハーの経済学と向きあうための基本思想に大きく影響[14]しているものであり、以下詳しく説明していきましょう。

「四諦」とは何か

四諦（四聖諦ともいう）は、釈迦が一貫して説いた人生の真理で、人間が直面する実相とそこから脱却するための知恵を総括したものです。苦諦・集諦・滅諦・道諦から構成されます。

○苦諦（くたい）～　人生は、生老病死の四苦、これに愛別離苦（別れる苦しみ）、怨憎会苦（憎しみ）、求不得苦（求めても得られない苦しみ）、五蘊盛苦（執着）を加えた八苦、すなわち四苦八苦に満ちているが、これを受け止める。

○集諦（しったい）～人生の苦しみには必ず原因があるはずで、それを理解し、反省し、苦しみを乗り越える知恵を得る。「集」は招き集めることを意味し、煩悩を招き集める要因を理解すること。「十二縁起」という12の苦しみの原因（縁）が示されている。

○滅諦（めったい）～苦の原因を突き止め、心のあり方を変えることで苦を消滅することができるというもの。執着を断ち切ることにより、さまざまな苦しみから解放される。

○道諦（どうたい）～以上の３つのプロセスをへて、苦を滅する道にいたるのであるが、これを成就するための修行として出てくるのが、次に紹介する八正道である。

「八正道」とは何か

八正道は、正しい生き方をするための方法を説いたもので、正見、正思惟、正語、正業、正命、正精進、正念ならびに正定の８つから成ります。

13　四諦、八正道などの解説は、永井一夫（２０１６）『大乗と小乗の世界：ブッダは何を教えたか　四つの真理と八正道』、平岡聡（２０１５）『大乗経典の誕生：仏伝の再解釈でよみがえるブッダ』に基づく。

14　八正道を英語で"Noble Eightfold Path"と訳し、仏教が教える行き方の基本であると強調されている。

○正見（しょうけん）～偏見をもたず、正しく真理を知ること。自己中心的な考えの延長線上に真理を見つけ出すことはできない。

○正思惟（しょうしゆい）～利己に走ることなく、さまざまな人間特有の欲から離れて、正しく考えて、判断することが求められる。

○正語（しょうご）～雑言、嘘、悪口、無駄話、でまかせを発せず、正しい言葉で語ること。真理にかなった言葉遣いが求められる。

○正業（しょうごう）～殺生・偸盗・邪淫を行うことなく、正しい行いをすること。本能に任せた行動を取るのでなく、仏の戒めを守った行いをする。

○正命（しょうみょう）～道徳に反する仕事をせず、正しい生活をすること。生活をするうえでの必要なものを正しく得て、人の迷惑になる仕事に従事してはいけない。

○正精進（しょうしょうじん）～自らの使命や目的に対して正しく努力をすること。雑念を取り去り、自らの目標に向かってひたむきに努力をする。

○正念（しょうねん）～釈迦と同じような正しい心をもち、真理を求めること。真実の本質を見定め、真理を探究するための正しい心を保つ。

○正定（しょうじょう）～環境に惑わされず、静かな心を保つこと。正しい瞑想、禅定、迷いのない清浄な境地に入る。

このように、四諦とそこから派生する八正道により、正しく真理の道を追求し、悟りに到達しようとするのです。

少し哲学的、あるいは抽象的と感じる方もいるでしょう。経済学への距離感があまりにも遠くなりすぎましたので、徐々にこのギャップを埋めながら、仏教経済学の理解を深めていきましょう。

（2）仏教経済学の土台となる思想

正しい生き方

八正道の「正しい生き方」が、仏教経済学の根本をなしています。

なかでも「正命」、すなわち正しい生活を送ることが、方法論などを考えるうえでの精神的基盤となっています。しかし、「正しい」とは、なんでしょうか？

　人類の歴史のなかで、つねに諍いの種となるのが「正しい」の基準の違いです。戦争を正当化する「正義」なるものは、自国本位であり、自分の宗教は絶対で、文化的に相容れないものは間違っている、とされている場合が多いでしょう。

　そこで、「正しさ」について、シューマッハーなりの解を見出したのが、後に仏教経済学の基本理念となる「簡素」と「非暴力」です。

簡素な生活＝知足＝非暴力

「簡素」という表現は、原語の「シンプル」を和訳したものであり、彼の思いが１００％反映できているかはわかりません。私なりに、簡素や単純といったものが意味するところを考えますと、足ることを知ること、つまり「知足」です。

「簡素」と「非暴力」は表裏一体です。少ない消費で大きな満足を得られている限りは、限られた財やサービスを奪いあうリスクが少ないのです。つまり、暴力的事象が発生しにくいことになります。現在、地球上で起きている天然資源――エネルギーばかりでなく水や森林も含め――をめぐる紛争は、際限ない欲望の充足が背景にあると思います。

適切な規模

私たちが知っている経済学と、シューマッハーの体系とが異なる点は、人々や企業の効用やコストにかんする前提の違いに由来すると思います。

とくに、効用の大きさを金銭的価値に翻訳するか、単純に消費量を代理変数とするかといった違いはあるのですが、もっとも大きな違いは、私たちが慣れ親しんでいる経済学の基本は「定量化」だということです。しかし、定量化は、消費される資源の内容や、金銭的には測定できない道徳観などを反映しません。

このため、人類にとって本当の幸福を追求する場合には、これまでの経済学では自然と限界が出てきます。

シューマッハーは多くの人々と同じように、「大きいことはいいことだ」と教えられて育ちました。

歴史をさかのぼれば植民地支配があり、現在にいたっても国際的政治力は大国に偏在する傾向が強いです。経済学では、大量生産が限界コストを逓減させる「規模の経済」が常識ですし、大企業は中小企業にくらべて経営的な安定性が高いと考えられます。大銀行は、経営危機に陥っても政府の救済をあおげるケースが多いですし、こうした「大きいことはいいことだ」の例については枚挙に暇がありません。

しかし、ビルマに派遣されて以降、シューマッハーは「適切なサイズ」という考え方が重要であると認識するようになりました。

仏教経済学では、目的の達成のために最小限の資源を使うことが「正しく」、かつ「幸福」であると考えます。すべての発想の背景に「簡素」と「非暴力」の根本理念があるからです。これこそが、従来型の経済学と異なった帰結を生み出す最大の要因であります。

次に、さらにこれまでの経済学との考え方の違いを見ながら、仏教経済学の本質を探っていきます。

（3）　労働とは何か？

労働は苦役か

働くことの意味について、労働力の供給者である個人、そして需要者である生産者（企業）の立場から、我々が馴染んでいる経済学と仏教経済学の違いを確認しましょう。

労働力供給者にとって、働くことは苦痛（負の効用）で、余暇の犠牲と苦痛に対して金銭的対価が必要であるというのが、アダム・スミス以降、現代にいたる経済学の基本的前提です。一方で、生産のために労働力を投下する需要者にとって、労働力あるいは労働者はコストでしかなく、コストを削減する意味でも労働力の投入は極小化したい、という立場を取ります。

仏教の労働観は明らかに異なります。働くということは、自己の能力を実現するということです。

また、他者との協働による、利己的な行動を克服する場でもあると考えます。したがって、労働は必ずしも苦役ではなく、余暇と労働は二律背反ではないのです。

さらに、仏教経済学は、生産者のコスト極小化のはてにある機械化・自動化による労働力投入量の削減、分業化による効率性の追求を批判します。

仏教経済学の考え方であれば、自動化は労働の放棄ではなく、いかにして労働による威厳を維持するかが大切であると考えます。仏教は、機械に人間が使われるのではなく、人間が機械を道具として使うことを選択すべきであるとしています。

また、効率性のみを追求した分業は、より先鋭化・細分化されたプロセスに労働者を分配し、それぞれの労働者は歯車の一部と化すことが、労働者の働きがいを奪います。

しかし、働くということは、自らがつくり出した果実に対する誇りと満足感をもって、労働が苦役からよろこびに変わること、とするのが仏教経済学の考えです。

自己の実現としての労働

シューマッハーは、薫陶を受けたスリランカとインドの哲学者の言葉を用いて、仕事の本質について語っています。

スリランカの哲学者アナンダ・クマーラスワミー（Ananda Coomaraswamy）は、「職人（craftsman）は機械と道具の違いを理解している。絨毯を織る手織機は、職人が糸を織り込ませる作業を助けるもので道具である。しかし、動力を用いた力織機は、人間が行うべき仕事を本質的に行っており、機械である」として、機械は文化の破壊者としています。

唯物主義的な現代の経済学に基づく生産は、欲望の増長への対処であり、人間が活力を与えられ、自信をもつこととなる仕事とは大きく性格が異なるものであると断じているのです。

また、インドの哲学者・経済学者であるジョセフ・クマラッパ（J. C. Kumarappa）は、「仕事の本質は、人間に栄養を与える食物のようなものであり、仕事を通じてベストなものをつくり出し、人間自らの価値を実現させるものである」としています。

では、仏教経済学を踏まえて、我々は労働・仕事をどのように考えていけばよいのでしょうか？

従来の経済学では、生産性・生産力がもっとも重要で、強調されるのは労働者でなく労働の結果の製品等であるのに対し、仏教では雇用・労働そのものが重要であると考えています。このため、労働の供給者である1人ひとりの個人、そして、需要者である企業等それぞれが、認識を改める余地があります。

この点を見つめ直すことによって、雇用の非正規化や、労働環境にかんする問題などについて、再考の余地が見つかってくるのではないでしょうか。この点については、第5章で解決策を提起します。

（4）「消費」をどう考えるか

消費量と満足感

我々が馴染んでいる経済学では、消費者の満足感は、財やサービスの消費量と正の関係性をもつと考えられています。もちろん、消費量が増えていくにつれて限界効用は低下していくため、必ずしも消費量と満足度は線型の比例関係にはありません。しかし、物質的な豊富さは、人々に幸福感をもたらすものという考え方が、ミクロ経済学の基本をなしています。

仏教経済学は、消費そのものを否定しているわけではありませんが、次の3点が踏まえられています。

第一に、消費のための糧——購入原資となる金銭であれ、直接獲得した財やサービスであれ——は、正しく得られたことが前提となります。

これは八正道の「正命」に基づく考えです。人を欺いて得たお金や、社会に災厄をもたらす仕事によって得た果実を排除しています。一般的な経済学では、消費量のみが問題であり消費にいたるプロセスは重視されていないのが現実です。

第二に、命への畏敬です。

人間に限らず、生きとし生けるものすべて命を尊重します。八正道の「正業」には不殺生が含まれていますが、人間はもちろん、それ以外の動植物の無益な殺生が戒められています。つまり、際限なくふくらむ食への欲望が、食べきれないほどの食糧を求め、その結果として無益な動植物の殺生・伐採が行われている問題を明示したのです。

無論、食べきれないということは限界効用がマイナスになることを示唆しているので、一般の経済学においても消費の上限が自ずと決まるはずです。しかし、大金持ちが大量に購入（実際に消費するとは限らない）することによる効用がプラスであれば、それが需要関数を形成することとなります。

第三に、知足です。

これは第二の視点とも重なります。仏教では「足る」を知る智慧を重視します。大乗経典では、釈迦が入滅する前に説いた教えをしたためた遺教経がありますが、そのなかに「不知足の者は、富めりといえどもしかも貧し。知足の人は、貧しといえどもしかも富めり。不知足の者は、つねに五欲に牽かれて知足の者に憐愍せらる」とあります。はてしない欲求は、財産の豊かさを背景にした消費では満たされないのです。逆に、財産をもたなくとも、少量の消費で満足すれば幸福感に満たされるということです。反対に、（第二の点でも示したとおり）一般的な経済学では、執着する欲望を肯定します。

こうした仏教経済学からの提起から、我々は何を見出して、金融・経済のなかで活かすべきでしょうか？

利益の極大化は、株主の方を向いたよい経営であるといえますが、はたして本当にそうなのでしょうか？　金融危機は、金融機関の利益極大化行動の結末であり、その結果として株価下落や破たんによる無価値状態となり、株主の利益を著しく毀損した歴史があります。持続可能性を強く意識した経営は、公共性の強い金融インフラを担う機関こそ重視すべきなのです。

（5）交易は人々を豊かにするか

リカードと反グローバリズム

大学の教養課程で経済学を学ぶときに最初に登場するのが、希少性、機会費用、インセンティブ、トレードオフ、市場メカニズム、貨幣量、失業、政府、限界効用、交易などの基本原則です。このなかで、異なる地域間の交易（国家間であれば貿易）は人々の暮らしを豊かにするというものがあります。

工業製品の生産が得意な地域と、農業製品が得意な地域がそれぞれ閉鎖的な経済に置かれていれば、不得意な分野の製品を、廉価で質の高いかたちで手に入れることは難しくなります。しかし、交易がそれぞれの得意分野の商品を供給することで、閉鎖的経済システムよりも大きな効用をもたらすことができます。これが、リカードの代表的な比較優位の経済です。このシステムは、それぞれの得意分野に資源を投入することで、全体の効率性も高めることが可能となります。

前章では、反グローバリズムの話が出てきました。交易にはメリットもあれば、デメリットも存在しています。

仏教経済学では、リカード的な考え方に必ずしも与しません。地産地消こそ仏教経済学での理想であるためです。交易には輸送手段とこれを支えるエネルギーの供給が必要なのです。

近年においても、「フードマイレージ」という考え方が定着しつつあります。フードマイレージとは、食糧が生産地から消費される場所まで運ばれるまでの距離を示しています。

具体的には、輸送に要するエネルギー量、輸送にともなう二酸化炭素等の温室効果ガス排出量を、その距離と重量で数値化した指標です。このほかにも、農産物や食肉などの食糧全体のカロリーと、それらを供給する作地面積や消費されるエネルギー量、水量などを比較する指標もあります。

バーチャル・ウォーター

水資源の消費については、下のようなデータがあります。我が国における水資源の消費量の推移は、1990年代半ばをピークに減少してきましたが、それでも毎年800億トン強の水資源を使っています（図表2－1を参照）。

図表2-1　日本国内における水資源の消費量推移

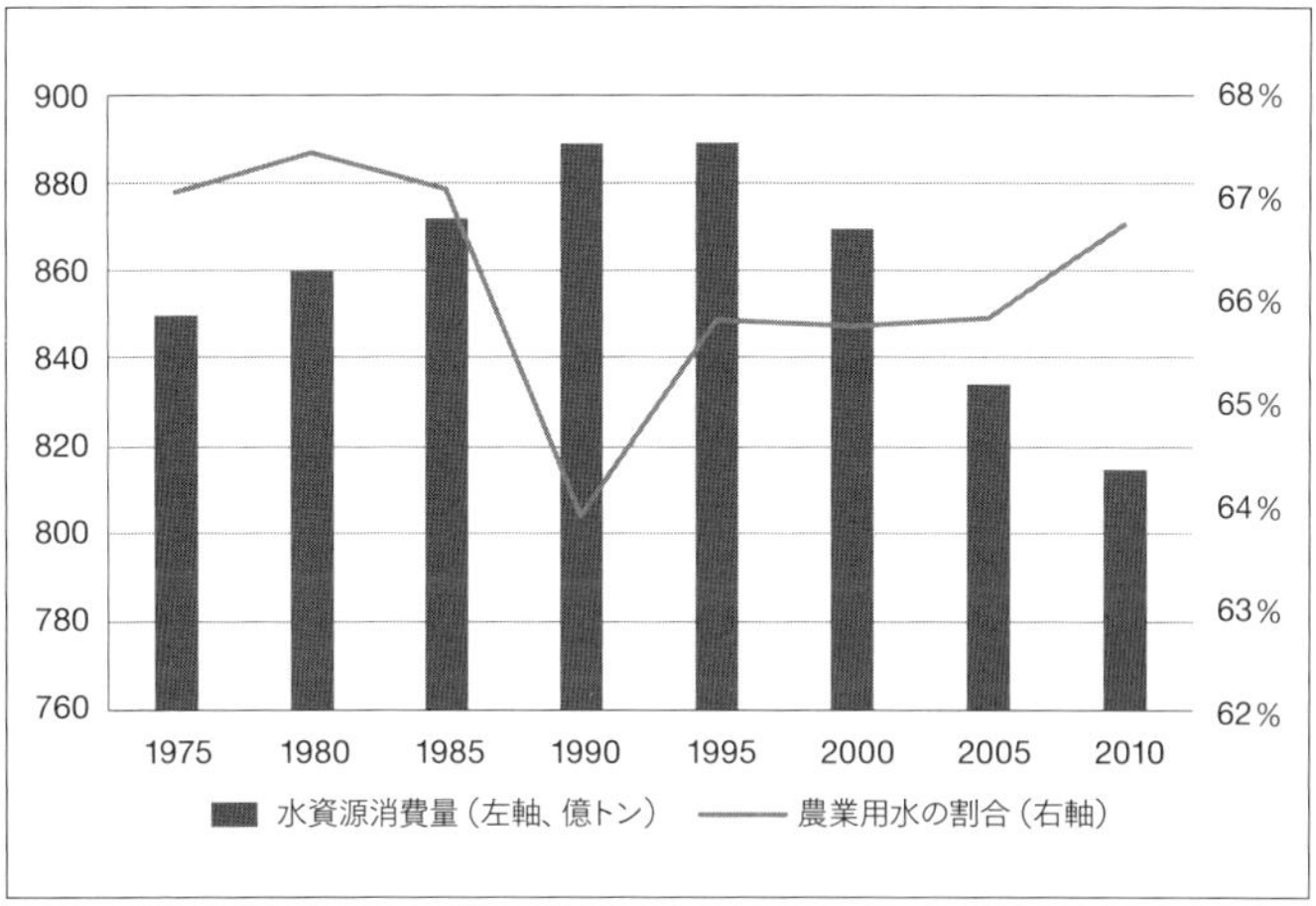

出所：国土交通省統計データに基づき筆者

図表2-2　食肉および穀物1トン生産に必要な水資源の量（トン）

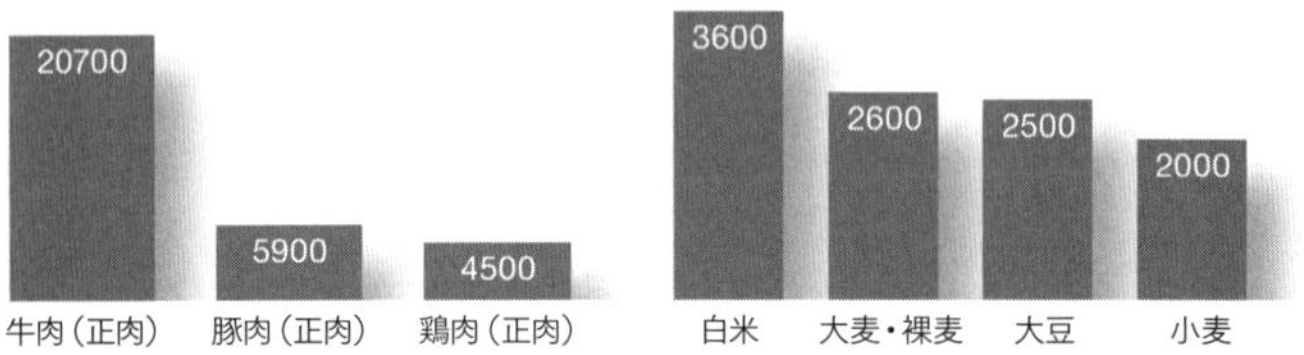

出所：沖ら（2011）の研究データに基づき筆者

図表2-3　我が国が2000年度に輸入した財（食糧および工業製品）を国内で生産する際に必要な水資源量

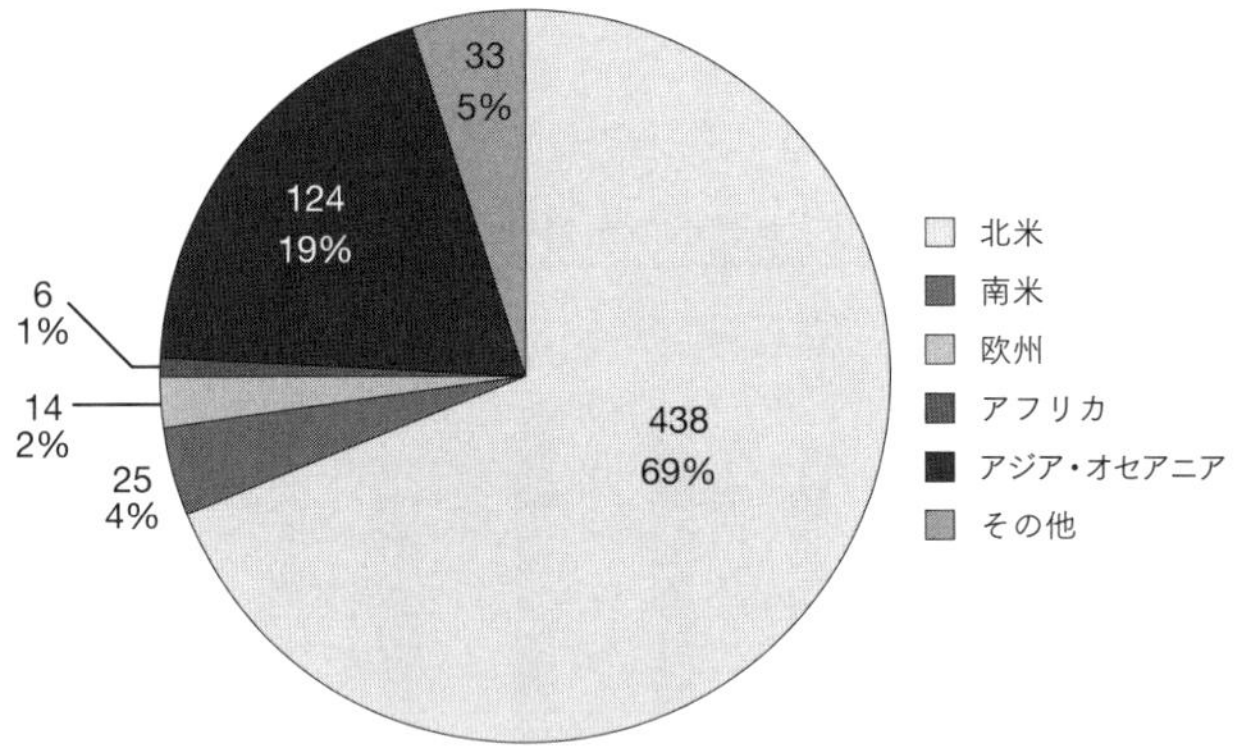

注：地域名は日本向けの輸出地域、データは億トン
出所：沖ら（2011）の研究データに基づき筆者

しかし、このデータと比較してもっと恐るべき数字となるのが、日本国外で生産されて、日本がそれらを輸入した財が示唆する水資源の消費量です。

このデータは「バーチャル・ウォーター」（仮想水）という概念です。日本国外でつくられた生産物を、日本で生産する場合に、いったいどの程度の水資源が必要とされるかを計算したものです。その計算の基礎となるのが図表2-2で、食肉と穀物を単位（1トン）あたり生産するに際して必要とされる水資源の量を示しています。

なお、これは、生産国（輸出国）において実際に使用された水資源量（現実投入水量という）とは異なり、もし消費国（輸入国）で生産すれば消費されるはずの水資源量を指していることに留意すべきです。これらの基礎データと、財の輸入量を勘案して計算されたのが、輸出相手の地域別バーチャル・ウォーター量です（図2-3）。

なお、これらのデータは、東京大学生産技術研究所の沖大幹教授らの研究グループがまとめたデータを用いています。[15]

15　沖大幹ら（2011）。

日本が「実質的」に消費しているが、国内の水資源消費量に反映されていないものが640億トンあるという計算です。これは「名目的」に消費した800億トン強とくらべてもかなり大きいといわざるをえません。

このバーチャル・ウォーター640億トンの97％は食糧です。我が国の食糧自給率は4割をきった状況であり、食糧の海外依存が大きく影響していることが容易に理解できます。

このように、潜在的に消費した水資源が無意識に消費されている現実は、あらためて衝撃的です。知らないところで使われた資源を意識しなければ、地球資源の恩恵やその破壊のリスクということを、深刻に受け止めることはできません。だからこそ、こうした意識を高くもつことが持続可能性の担保には必要なのです。

グローバリゼーションと地産地消

いまから半世紀ばかりさかのぼるシューマッハーの時代以上に、今日では気候変動が世界の深刻な問題となっています。アフリカ等における飢餓、砂漠化の進展、気候不安定からなる食糧の安定供給への脅威、食糧自給率の低下など、多くの問題に人類は直面しています。

効率性や物質的な豊かさの享受という発想からは、比較優位の状況が続く限りにおいては、消費と生産の距離の問題はあまり意識されていません。しかし、限られた資源、地球環境の変化などを踏まえれば、交易にかんする考え方を修正していく余地が生まれていることは事実です。

グローバリゼーションという言葉はダイナミックで甘美な響きをもっていますが、それにともなう必要以上の資源の使用をもたらすこと、それが人類世界の持続可能性にいかなる影響を来すかを再考する時期が来ています。グローバリゼーションよりローカリゼーションを重視する仏教経済学の発想にそのヒントがあるのです。

このような地産地消などの仏教経済学が示唆するメッセージを踏まえて、我々は今日の問題にどのように対処していくべきなのでしょうか？

グローバリゼーションは、国内が低成長の我が国企業にとって、成長機会を見出す意味で重要です。銀行や保険などの金融業態についても、海外に成長機会を見出すとともに、国内取引先企業の国際化への対応の一環として避けて通れない命題です。

しかし、国内における地盤を捨てて無国籍企業となる覚悟がある場合は別として、日本国内はもっとも大切なフランチャイズにほかなりません。その意味で、地域社会の持続可能性をサポートするローカリゼーションは、メガバンクを含めすべての金融機関にとって重要であると思います。

（6）再生可能性の視点で見る仏教経済学

子孫のためのエネルギー

20世紀に2回にわたるオイルショックを経験し、人類は化石燃料等の有限性を痛感しました。そしてそれ以降、太陽光発電や地熱発電などの自然エネルギーに、発電源を求める動きが活発化してきました。それと並行し、クリーンで廉価な発電源と考えられた原子力も広く利用されることとなったのです。さらに、その後、21世紀に入ってからはシェールガスなど、新たに採掘可能となった化石燃料の開発もあり、エネルギーに対する緊張感が失われています。

人類の持続可能性を考えた場合には、有限なものを消費し続けることが遠い未来の子孫にどういった影響をおよぼすのかは自明です。しかし、多くの経済理論は、エネルギーをはじめとする資源にかんして、それが再生可能かどうかの区別はつけていません。コストのみが経済主体の問題となっています。

環境破壊と奪いあい

エネルギーばかりではありません。シューマッハーが現代経済学から離れる要因の1つとなった、無秩序な開発もそうです。樹木を大切にする思想の欠如が、開発第一主義に侵されたアジア、南アメリカ、アフリカなどの発展途上国の森林資源の破壊といった悲劇を生んでしまいました。

ここで再び、「簡素」と「非暴力」の理念に戻りましょう。

天然資源の秩序を失った消費は、暴力です。化石燃料資源、水産・海洋資源、森林資源など地球上の資源については、無秩序な消費の先に権益をめぐる国家間の争いがあります。これは、無秩序な消費に輪をかけて、紛争という暴力を生じることを示しています。

簡素は非暴力と密接につながっています。簡素に生きるということは、地球における天然資源の使用を抑制することです。

地球環境は「所得」ではなく「資本」

仏教経済学にとって、自然がもたらす資源などの恵みは「所得」ではなく「資本」です。その発想の原点には、人間がつくったもの以外は人間の自由にすべきでない、というものがあります。

すべての財は、人間がつくったものではない「第一次財」と、人間がつくった「第二次財」に大別されます。第一次財は、さらに「再生可能財」と「再生不能財」に区分されます。そして、第二次財は「工業製品」と「サービス」に区分されます。

第一次財は、所得ではなく資本です。資本の大量消費は、存続可能性を危うくします。とりわけ、再生不能財にかんしてはなおさらのことです。

仏教経済学では、再生不可能な資源の消費は極力回避することが求められ、再生可能な資源の使用が困難で、かつ消費がいかなる理由からも必要なときに、はじめて検討されています。そして、その消費は必要最小限にとどめることが意図されます。これこそが簡素であり、非暴力なのです。

では、広義の資源にかんする仏教経済学を学び、私たちは金融等の立場から何か具体的なことができるでしょうか？

たとえば、事業が資源枯渇の加速につながる場合、環境を破壊するものである場合、あるいは事業そのものの持続可能性が危うい場合、こうした事業を金融的にサポートするということは、それに加担するのと同等とみなされます。事業が再生可能なものにかかわっているのか、それとも再生困難なものにかかわっているのかによって、金融機関もビジネスとしてのサポートのあり方を、より選択的に考えるべきではないでしょうか。

（7） 成長か安定か

幸せの国ブータンと、つねに成長を目指す日本

近代以降の国家において、経済成長を政策の柱の1つとして位置づけていないケースはレアでしょう。ブータンのように「ＧＮＨ」（Gross National Happiness、国民総幸福度）を

政策の機軸に置いているのは、きわめて例外です。

低成長にあえぐ日本では、安倍政権がデフレ脱却とともにダイナミックな経済成長をアベノミクス第2弾の目標としてかかげました。

基本的にデフレギャップが解消している完全雇用の状況では、経済成長は産出量の増加幅であるため、労働力人口の増加と労働生産性の改善の積で決まります。人口増加などによる労働力改善や、技術革新による生産性改善が潜在成長力を維持する限りは、消費などの十分な需要の存在を与件として経済は成長するということです。

「成長」という言葉は、ポジティブな印象を与えます。マイナス成長が続くような状況は、多くの場合は需要不足による不況であるため、失業率上昇などにつながりより印象が悪いからです。したがって、人々は経済成長を望む声が一般的になります。

「人口ボーナス」と「人口オーナス」

「人口ボーナス」と「人口オーナス」という言葉があります。人口ボーナスとは、生産年齢人口（15歳以上65歳未満で学生を除く）の増加が、従属人口（生産年齢以外の人口）

の増加を上まわる状況です。一方、人口オーナスは、それが逆転する状況を指しています。労働力供給が限定されれば、産出量が頭打ちとなり、経済成長が低下ないしマイナスとなります。従属人口の相対的増加は、年金や医療費などの社会保障費の負担を重くし、財政を悪化させます。これも、経済成長への思いを強くさせる要因となっています。

金融が行きすぎた成長を加速する

しかし、100年後、あるいは1000年後を考えた場合に、本当に、経済成長が人類を幸福にするのでしょうか？　また、地球上のさまざまな生命体を維持しながら、存続できるのでしょうか？

仏教経済学は、「持続可能な経済社会」を「経済成長」より重視します。生命、資源を大切にする社会が目指すべき考え方です。つまり、これまでの経済学や経済政策においては、貪欲ともいえる経済成長主義（＝量的拡大）を標榜しますが、仏教経済学の考え方では、持続可能性と社会の質的充実を追求するのです。

地球上の人類が同時に経済成長を目指し、それをはたした場合、再生可能な資源の消費でそれらの成長を受け止めることは難しいと思われます。このため、経済成長のはてには、資源の枯渇とより僅少となった資源を求めた争い、すなわち暴力が待っていることでしょう。

この点を、金融の視点から考えましょう。金融は実物経済と表裏一体です。あるいは、一体であるべきです。経済を支える信用供給を安定的に行うことが使命です。しかし、金融が経済の行きすぎた成長を助長する動きをすることがあります。

たとえば、企業の利益成長をうながす株主資本主義です。さらに、成長分野へ資本を傾斜投入をするのも金融の機能でありますが、これが度を越せば必要以上の資本の供給となり、行きすぎた成長を加速させることもあります。

(8) 仏教経済の行動原理

「わけ合えば安らぎ」

厚生経済学の基礎理論に、「パレート効率性」があります。パレート的に最適な状況とは、閉鎖された環境のなかで、ある状態から誰かの効用を増やそうとすると、ほかの誰かの効用が犠牲になるような状態をいいます。つまり、その環境内で誰かの効用が最大化されている状況です。この考え方は、資源配分の効率性を示すものです。

このパレート的な効率性尺度を考えるとき、私はいつも相田みつをの言葉を思い出します。

「うばい合えば足らぬ　わけ合えばあまる　うばい合えばあらそい　わけ合えば安らぎ」

パレート的な考え方は、従来の経済学共通の観念に基づきます。基本的にゼロサムであることが前提です。他者に財やサービスあるいは時間を譲ることとは、自己の効用を減少させ、この犠牲により他者の効用を増加させることを意味します。

しかし、相田氏の言葉は、奪いあうことから派生する副産物として、「あらそい」というマイナスの効用を言及しており、一方で分けあうことによる副産物として、「安らぎ」というプラスの効用を見出しています。

「共生」と「利他」

人間の本能は、知らない者同士の場合と、知りあい同士の場合で異なる行動様式を来します。バーゲンセールや数量限定販売、あるいはプレゼントにおける醜い奪いあいがある一方で、宴会等で大皿に残った最後の1つに箸を伸ばさない遠慮が傾向的に強いでしょう。これは、人からの見られ方や印象が、将来の人間生活における生きやすさにマイナス、プラスの影響を生じることを合理的に考えた結果ともいえます。後者においては、分けあうことで安らぎが残りますが、前者においては「あらそい」しか残らないのです。

ここに、「共生」と「利他」という、仏教が教える2つの重要な徳目が存在しています。「共生」とは、人類が協調しながら生きることだけを指すものではなく、地球上のすべての命の相互依存関係を指しています。人は1人で生きることはできない。人類は、宇宙（とくに地球上の生命に恵みをもたらす太陽）、自然、社会、地域、家庭、動物や植物など生きとし生けるもの、そしてほかの人々のおかげで生かされ、生きることができるのです。

つまり、共生なくしては、人間は生きることはできない。この共生関係に感謝しながら、自らも共生のために何ができるかをつねに考えていくべきです。

はたしてこれまでの経済学は、こうした命のつながりを意識して理論体系に取り込んできたのでしょうか？　感謝の気持ちを経済合理性のなかに反映した理論体系は、見たことがありません。

なかには、「人間間の協力関係による経済への影響」などの見方はあるにせよ、少なくとも、人間以外のすべて——自然資源、動植物、環境など——との関係は、きわめて無機的です。人間は、経済合理性に基づく判断を行うにすぎず、そのほかのすべてのものはある意味でコストでしかありません。

そこには、利用に対する感謝はもとより、利用・消費することによるコスト以外の価値を考慮する余地がないのです。

「利他」は、「利己」エゴイズムの反対語です。ミクロ経済学などの理論系のロジックで前提となるのは、基本「利己」です。自らの利益を第一に考え、それを極大化する行動が、合理的行動と定義されます。こういう行動原理はすなわち拝金主義につながるのです。

しかし、仏教経済学では、仏教の自己よりも他を慮った精神がよりどころとなります。特とくに、大乗仏教以降の仏教体系では、他者の救済が基本思想をなしています。もちろん、この考え方は「共生」に直結します。

（9） 市場主義と仏教経済学

市場のコントロール

現代経済学、とくに新自由主義以降の経済学の立場では、小さな政府、規制緩和、制約なき競争などといった考え方が尊重されます。これは自由主義経済の根幹をなす市場メカニズムへの信奉が前提となっています。

介入なき市場は、資源の効率的配分にもっとも資するシステムであり、社会主義国家でさえ、その多くが市場メカニズムへの隷属へと舵をきっていきました。たしかに経済活動を考えるうえで、市場はもっとも高い値段を払ってもいい人から順番に財やサービスの提供を受けられるし、市場でもっとも安いコストで供給できる生産者から順番に販売が可能となる点は前章でも説明しました。

仏教経済学も市場経済の有効性は認めています。自由競争についても、否定するものではない立場をとっています。しかし、政府の関与を高めたうえでの市場経済を考えているのが仏教経済学の立場です。

際限ない競争とそれに基づく市場主義は、勝者と敗者をつくり出し、その格差を拡大します。消費者は、欲求を充足させるために消費そのものを効用ととらえ、大量消費に向かいます。生産者は、コスト削減による利益拡大を目指します。

そこには、使用する資源や労働力に対する温かみのある配慮はありません。これをコントロールする必要性を、仏教経済学は考えているのです。

「非貨幣的価値」の重視

仏教経済学では、経済価値について、貨幣的価値ばかりでなく非貨幣的価値も認めています。つまり、経済価値は、財やサービスの金銭対価として支払うことからくる貨幣的価値に加え、「思いやり」や「利他」によりもたらされる共生や人間性、地球環境、非暴力などの非貨幣的価値を含めて全体価値としているのです。これによって、市場がもたらす非貨幣的価値の破壊を避けることを仏教経済学は考えています。

そこで、重要な役割をもつのが次章以降でも言及する金融の役割です。

金融市場は、経済主体を「規律付け」する社会的使命を担っています。たとえば、ルーズな財政運営を行っている国があれば、そうした国が発行する国債の価格は下落し、金利負担が増加します。ずさんな経営を行っている会社は、株価や社債価格が下落して、資金調達の道がせまくなるばかりか財務状態を圧迫し、最悪破たんしてしまいかねません。しかし、こうした規律付けが度を越すと、会社を短期的な利益追求に導きます。

株価を通じた経営者への規律付けは、きわめて大切なガバナンスのツールです。しかし、この圧力が会社の経営者の利益への関心を過大に高め、また長期的視点が求められる資本政策についても、短期的な利益追求を目指す株主により歪められるケースも多いのが現状です。

「労働」の項目でも述べましたが、効率的経営、利益極大化、コスト削減から連なる雇用形態の構造変化が、後の章で述べる、日本の労働分配率の長期的低下と家計の圧迫につながっているのです。もう1つの背景としては、経営者報酬の業績連動化なども考えられます。

これが国力そのものを殺ぎ、国内を事業の中心とする企業の業績にも甚大な影響を長期的に来しかねないのです。つまり、近視眼的で短期的な市場への規律付け対応による利益は、長期的な企業弱体化によるコストを犠牲にして得られるものであることが、しっかりと認識されていないため、部分最適が全体最適を壊す図式に陥っているのです。

4　自然科学と社会科学をつなぐ定常経済

（1）デイリーに影響を与えた学者〜フレデリック・ソディ

定常経済という考え方

地球への環境負荷への配慮、そして成長よりも持続性を重視する点で、仏教経済学ときわめて親和性が高いのがハーマン・デイリーの定常経済の考え方です。本章の最後に、定常経済と金融へのインプリケーションを述べていきましょう。

デイリーの代表的著作『持続可能な発展の経済学』には、彼の環境経済学的な体系に影響をおよぼした２人の自然科学系の学者が登場します。まずは、デイリーに影響を与えたフレデリック・ソディとニコラス・ジョージェスク＝レーゲンの考え方について紹介しましょう。

ノーベル化学賞受賞者ソディ

フレデリック・ソディ（1877年〜1956年）は、放射性元素の研究者で同位体の理論でノーベル化学賞を受賞したイギリスの科学者です。しかし、ソディへの批判と賞賛は、「エコロジー経済学」と後に称される社会科学分野における研究にも集まりました。

ソディは熱力学を概念的に用いて経済学への応用を試み、なかでも貨幣に対して大きな関心をもっていたようです。そのなかで先見性を感じさせるものとして、金本位制からの変動為替相場制への移行を求める政策提言などがあります。

ソディの金融観をひと言で表現すれば「物理化学的法則に従う実体経済と仮想的な貨幣・金融は乖離する運命にある」ということでしょう。

ソディは、「富（物理的次元の大きさ）と負債（数学的で想像上の量）を混同してはいけない」と注意をうながします。ソディのいう「負債」は金融資産の概念で、腐朽しないばかりでなく、複利で成長する存在です。あくまでも実体をともなう富ではないので、物理化学的な法則は当てはまりません。

他方、物理的な存在を有する富は、物理化学的法則に従った存在です。したがって、物理的な富は劣化や消耗をともないながら増大の大きさは物理的な制約を受けます。

このため、金融が実体経済の成長を上まわってしまう点を強調しました。これは、前章で述べたピケティの「r＞g」に類似した考え方であることに気づかれると思います。ソディは、富（実体経済）と負債（金融）の間における1対1での関係は崩壊すると断言しています。

富を負債に転換することによって、価値の保蔵を試みるにしても、人々がいっせいに清算を行うことは不可能であることをロジカルに説明しています。これは、実物資産はすでに誰かが保有しているため、誰かが貨幣を保有せざるをえなくない仮想的存在にすぎないことを根拠としています。

エントロピーの法則

ソディの経済学への向かいあい方の基盤にあるのが、熱力学の法則です。熱力学第一法則はエネルギー保存の法則で、理科で学んだことを覚えていると思います。そして熱力学第二法則が、エントロピーの法則、あるいはエントロピー増大の法則です。

エントロピーについて説明をしておきましょう。「エントロピー」は、もともとポーランドの物理学者ルドルフ・クラウジウスが提唱した概念です。エントロピーは乱雑さを示す言葉ですが、わかりにくいと思いますので、エントロピーの流れの例を示しましょう。

真水とペンキを別の容器に入れておくと「乱雑さのない秩序だった状態＝エントロピー(乱雑さ)が低い状態」が当面続きます。しかし、一緒にすると濁った水、あるいは薄まったペンキに変化します。これが、乱雑さの大きい高エントロピーの状況です。

「混ざった無秩序な状態を表す物質量」がエントロピーですので、真水という低エントロピー状況にペンキや工場の排水が流れ込むことによって、エントロピーは高まります。そして、エントロピーは、必ず増大方向に向かう摂理に従います。

時間の経過とともに自然界のさまざまな物質は、エントロピーが増加し、そして増大すればするほど質が悪くなる性質をもっています。さらに、不可逆性があり、もとには戻らない性質もあります。

混ざりきってしまうとそれ以上変化することはなくなり、それ以上活動しなくなる、つまり生物では死を意味し、無機物では停止を意味します。エネルギーの場合、エントロピーが増大するとエネルギーの質がどんどん悪くなり、最終的に熱として排出されることとなります。これを資源性の低下といいます。

自然界のあらゆるものは、低エントロピーを取り入れて活動し、高エントロピーを排出する繰り返しによって定常状態を維持しようとします。

経済システムは自己完結ではない

私たちの経済システムは、こうしたエントロピーの法則に従わざるをえません。つまり、物理的には自己完結的なシステムではありえず、自然環境という経済システムの外から利用可能なエネルギーを取り込み、経済システム外へ利用不可能なエネルギーを排出するという循環のなかで活動しています。

この熱力学的エネルギーの、システム内の取り込みからシステム外への排出までのプロセスを、「スループット」といいます。したがって、経済システムは、物質・エネルギーのスループットを通じて自然環境に依存していると考えるべきである——経済と環境の関係を、ソディはそう規定しています。

ただし、後で述べるデイリーの考え方とズレがあるのが、環境への依存にかんする認識です。ソディは、環境からのエネルギーの取り込みについて、本源的資本（森林資源、農林水産物のほか、水力・風力・太陽光などのエネルギーを含む「フロー収入」）と、資本ストック（太陽エネルギーなどを受けて歴史的に蓄積された化石資源などの「ストック資源」）を区別しています。そのうえで、フロー収入には限界があるが、ストック資源は半永久的に使用可能な前提に立っています。

このため、火力原料としてのフロー資源（木材）が、化石燃料など（当時としては無尽蔵と認識していた）ストック資源により代替されることに大きな意義を認めていました。この点は、定常経済を考えるうえでは当然、修正の対象となります。

エントロピーと経済、金融

自然資本、つまり自然環境からのエネルギーは、経済システムへ取り込まれることにより、資源性を失います。これがスループットによるエントロピーの増大です。これに関連して、経済と金融に対するソディのメッセージは明確です。経済にかんしては、自然環境からのスループットを意識しなければ、適切な経済活動がかなわないということです。これは、これまで議論してきたような環境コストについての考え方と共通するものです。そして、経済成長にかんしても疑問を投げかけています。経済成長が歓迎されるのは、成長により人々の限界効用が限界費用を上まわるからです。しかし、現実の世界では、金銭的な限界費用を上まわるコストを環境破壊や抑圧などにより負担してしまっていると彼は観察しています。

金融にかんしては、先に述べたとおり、物理化学的法則の制約を受ける実体経済と、複利的な成長を自然法則の縛りなしに遂げられる金融との不均衡の拡大があります。また、貨幣システムは実体経済との対応性を保つ限りにおいて存在が意味をもつものの、ハイパーインフレーションなどの極端な貨幣価値の低下などの状況では、経済システムを支える意味を失ってしまいます。ソディは、この貨幣システムのかかえる脆弱性について、戦争や国家転覆などにつながる誘因となるリスクを指摘しています。

（2）デイリーに影響を与えた学者〜ニコラス・ジョージェスク＝レーゲン

近代経済学に背を向け生物経済学へ

ニコラス・ジョージェスク＝レーゲン（1906〜1994年）は、ルーマニアに生まれ、アメリカのハーバード大学でヨーゼフ・シュンペーターに学び、数理経済学の道へと進みました。このときともに学んだポール・サミュエルソンは、ジョージェスク＝レーゲンを「数理経済学のパイオニア」と称するくらいに数学的な素養は群を抜いていたようです。

しかし、当時主流となった新古典派経済学からは次第に距離を置くようになり、環境に配慮した経済学を志すこととなります。その背景には、熱力学の法則を踏まえないこれまでの経済学の体系があります。

たとえば労働を考えてみましょう。経済学では、労働は経済的な付加価値を生むと考えます。人が労働サービスを供給する場合に、犠牲にしているのは余暇だけであると考えます。

しかし、熱力学第一法則であるエネルギー保存の法則がある限りは、人はどこからかのエネルギーの供給を受けない限りは働くことはもとより、生き続けることもできません。

生物学のテキストを見れば、アデノシン3リン酸（ATP）が水と反応してアデノシン2リン酸（ADP）に転化する際に筋肉運動から自律的な生体電気作用やたんぱく質生成にいたるさまざまなエネルギーを生み出すと書いてあります。この細胞中のミトコンドリアにおける作用は、摂食と生態系からの酸素の供給がなければ、実現しません。

つまり、労働しようがしまいが、存在しているだけで環境を消費していることになります、し、労働による平静時以上のエネルギー供給はこの消費量を増大させます。

経済はエントロピーを増大させる

彼はソディ同様に、エントロピーの法則を経済学にもち込みました。主著作となった『エントロピー法則と経済過程』（1971年、日本語訳は1993年発刊）では、哲学的な視点もちりばめられていますが、基本となるのは、経済システムがエントロピーを増大させること、そしてひとたび高エントロピーとなった物質・エネルギーはもとには戻せないことです。

ジョージェスク＝レーゲンにとって、経済過程とは「低エントロピーの物質・エネルギーの減少にはじまり、汚染された高エントロピーの物質・エネルギーの環境への還元するプロセス」ととらえられています。これを簡単な表現に直すと、自然環境から物質・エネルギーを経済が取り込み、資源性のない（エネルギーとして活用可能性のない）物質・エネルギーを自然環境に返す流れである、ということになると思います。これはまさに、ソディの「スループット」の考え方と同様です。

エントロピーの法則では、「エントロピーが増大するとエネルギーの質がどんどん悪くなり、最終的に熱として排出され、これを資源性の低下という」と述べましたが、1つつけ加えると、資源性を失ったエネルギーは不可逆性をもつ、つまりもとの低エントロピーの状態には再生できないということです。それゆえ、経済過程は自然環境を不可逆的に消費するということができるのです。

（3）デイリーの定常経済への道

「生態学的経済学」

ハーマン・エドワード・デイリー（1938年〜）は、身体的な障害もあり、早くから研究職を目指しアメリカのエール大学とルイジアナ州立大学でのキャリアの後、世界銀行の環境分野におけるシニアエコノミストとなりました。世界銀行では、南米における環境維持活動などに携わりながら、持続可能性を高める経済政策などの研究に従事してきました。その後も、メリーランド大学において人類の持続可能性を追求すべく研究を続けています。

デイリーは環境経済学に近い「生態学的経済学」（エコロジカル・エコノミクス）という分野を立ち上げましたが、これは、経済学も生態学も人類や地球の幸福を追求するという共通の究極的な目的を見出したためです。

環境資源の「先食い」

ソディやジョージェスク＝レーゲンと同様に、デイリーも近現代経済学のメインストリームに対して疑問をもっていました。とくに、厚生経済学的な「最適」の考え方に問題を見出しています。

第一に、効用や利益の極大化を図る前提として、生態学的コストが勘案されない点があります。生態学的コストとは、生態系を含む地球環境に対する負荷を指します。具体的には、森林資源や海洋資源などの生態学的資本消費がもたらす「環境扶養力」の低下や「将来累積生命力」減少を費用化したものです。

環境扶養力とは、二酸化炭素を吸収し酸素を供給する力、動植物を育む力など環境が人類を含むさまざまな生態系を支える能力です。また、将来累積生命力とは、私たちの子孫が繁栄を続ける期間を、その期間に生活する人類でかけあわせた積分値のようなものと理解できます。経済活動による環境の負荷が大きくなれば、環境が生態系を支える能力が低下するとともに、将来の人類を支えるための環境資源を「先食い」してしまうことになります。

第二に、経済学や金融の世界では、「現在価値」の最大化を図る努力をします。金利水準が高いほど、将来価値が割り引かれて現在価値が相対的に浮かび上がることはすでに説明しました。金利というのは、バーチャルな世界における価値の比較ツールにすぎません。金利が高くても低くても、地球環境は変わりません。しかし、金利が高ければ高いほど、将来のコストが過小評価されます。つまり、過小評価された将来コストと引き換えに、現世での快楽を最大化する行動が合理的となってしまいます。

デイリーの3原則

細かな説明は後ほどしますが、最初に彼の3原則を紹介しておきましょう。

第1原則：再生可能な資源の持続可能な利用速度は、その資源の再生速度を超えてはならない。

第2原則：再生不可能な資源の持続可能な利用速度は、再生可能な資源を持続可能なペースで利用することで代用できる速度を超えてはならない。

第3原則：汚染物質の持続可能な排出速度は、環境がそうした汚染物質を循環し、吸収し、無害化できる速度を上まわってはならない。

この3つの原則は、私たちの経済システムを運営していくうえでの持続可能性をかなえるための条件として、デイリーが長年育んできたアイデアを、端的にまとめたものと考えていいと思います。

これは、かけ流し温泉を想像すると理解しやすいと思います。お風呂の排水口から流出するお湯の量が、再生可能な資源の消費、あるいは再生不可能な資源の消費を再生可能資源換算した場合の量の合計となります。一方で、お湯の注入量が再生可能な資源の再生量となりますので、前者が後者を下まわっている限りは、湯船のお湯の量を気にすることなく温泉を堪能できます。

しかし、この3原則だけでは、デイリーの主張を正確に理解するには不十分ですので、以下いくつかの主要論点について詳しく述べていきましょう。

（4）　経済と地球の上下関係

経済は1人では生きていけない

経済学は「希少性」という要素が不可欠です。予算制約があるから選択できるのです。空気（厳密には酸素）がなければ火を用いた生産はできません。しかし、空気は資源配分を考えるうえで投入要素にはカウントされません。なぜなら、空気に希少性はないと判断するからです。

しかし、現実には空気は地球上では有限であり、希少性はあるのです。一方で、経済活動を行ううえで制約を感じるほどの希少性はないので無視することに問題はないのです。

これは地球環境全体にも当てはまります。私たちの地球環境なかりせば、経済活動はもとより私たちの生命そのものが維持できません。つまり、経済活動の必要条件として地球環境が存在しています。経済は１人では生きていけないのです。

経済は地球環境の下位システム

地球環境は人類の経済活動を必要としませんが、経済活動には地球環境が絶対不可欠です。このためデイリーは、経済は環境の下位システムと位置づけています。

経済規模が十分に小さければ、地球環境が制約条件とはなりません。これは、先ほどの空気の議論と一緒です。しかし、経済が一定規模を超えると、上位システムである地球環境に相対的な希少性が発生します。だからこそ、現代は経済が環境の下位システムで、地球環境の希少性を意識せざるをえないのです。

もしも、上位システムである地球環境を無視できれば、下位システムである経済内部だけを考えた最適が可能です。また、それが近代から現代にかけての経済学の考え方です。しかし、上位システム以上に下位システムが膨張した場合には、この考え方を改める必要があります。ここがデイリーの出発点です。

環境は「代替財」か「補完財」か

経済学の基本に、代替財と補完財の考え方があります。代替財とは、ごはんとパンのように、片方が価格高騰などによって消費が困難になった場合に、もう片方に消費を容易に代えることができるものです。一方で、補完財はコーヒーと砂糖のように片方の消費が困難となった場合にもう片方の消費も制約されるようなものです。

デイリーは、既存の経済学は環境がもたらす恩恵を代替財のようにあつかっていますが、実際は環境が補完財のように経済の制約条件になることを主張しています。つまり、環境の使用が限られれば、経済活動も限られるということです。

もう少しわかりやすく説明しましょう。ホットケーキをつくるとき、小麦粉と卵は補完財の関係となります。小麦が凶作となって小麦粉が確保できなければ、卵がいくら廉価で山ほど買えたとしても、ホットケーキはつくれません。この例では、環境が小麦粉になります。昔は環境の規模にくらべて経済活動が十分小さかったため、環境を意識することなく活動できました。しかし、産業革命以降、今日にいたるまで経済活動は急拡大をはたし、環境の存在を意識せざるをえなくなったのです。このため、経済活動を続けるためには補完財としての環境の存在が重要になってきます。

もちろん、小麦粉の代替財としては米を原料とする米粉なども考えられます。しかし、環境にかんしては代替財が存在するものとしないものがあります。使用の有無を問わず地球上に注がれている太陽光などは、他の熱エネルギー源の代替財と考えてもよいでしょう。しかし、自然環境の多くのものは、代替財に見えてもその代替財を獲得するために他の資源の消費を必要とします。

市場原理を用いた解決策はあるのか？

とはいうものの、世界の国々はあまねく環境を代替財として軽視しているわけではありません。京都議定書第17条に規定された二酸化炭素排出権取引などが、その例です。

気候変動枠組条約に基づき、温室効果ガスの排出削減に向けて各国に割り当てられた排出量削減目標がありますが、条約締結国のなかで、指定された国同士で自国の排出量削減に寄与する「炭素クレジット」の売買が認められています。排出量削減が進めば、クレジットを他国や他企業に売却することができるため、削減するインセンティブができます。

これは、負の外部性（企業活動による公害や環境被害などの企業の外へのマイナスな要素の供給）の、市場メカニズムによる内部化といわれるものです。

経済システム内部での最適化（最適配分）は、地球環境という上位システムとくらべた場合の最適化と同じ解となるとは限りません。このため、環境に対して著しくマイナス影響をおよぼす経済システムでの意思決定が行われても不思議ではありません。

そこで、二酸化炭素排出権のように、持続可能性に照らして許容できる総量を割り当てることで、生態学的限界を反映するような「内部化」は可能となります。

（5）「成長」と「発展」の違い

経済システムが地球環境システムの下位に位置することを認識し、環境を補完財としてあつかう考え方が浸透すれば、私たちの関心は、いかにいまの環境を持続可能なものとすることができるかに集中することができるでしょう。

デイリーが目指す持続可能性が担保できる状態の経済は、「定常経済」とよばれます。地球環境からの原材料のインプットにはじまり、原材料の商品への転換（生産・分配・流通・消費）をへて、残された廃棄物のアウトプットにいたる一連の流れ）の総量が、「スループット」です。定常経済においては、スループットが地球環境の自己再生の範囲内に設けられるため、私たちの普段の暮らしが、未来の子孫が享受すべき環境を先食いしてしまうこととはなりません。

ここで、デイリーは成長と発展を明確に区別しています。成長とは、物質・エネルギーのスループットの物理的大きさの増加を示しているのですが、発展は技術的知識の改善と国民的理解を指します。ですから、私たちが目指すべき方向は、成功にとらわれず、発展をひたすら目指す社会であるといえると思います。

(6) グローバリゼーションと経済成長の副産物

自由貿易がもたらしたもの

交易が本当に生活を豊かにするかは、前章でも問題提起しましたが、デイリーも自由貿易に対してはかなりの反対意見をもっています。

第一に、「費用外部化競争」という問題です。歴史的に、先進国と開発途上国の間では、先進国が自らの優越的地位を利用して、途上国から低コストでの生産を強いるような例がありました。先進国の国内では、制度的にそうした無理なコストカットは行えないため、途上国にそれを求めるかたちの暗黙の搾取が行われていたのです。これをデイリーは「費用の外部化」とよびました。

事実、人権に対する意識が低い国では、近代国家では考えられないような人権を無視した労働慣行が行われています。児童労働や奴隷と同等の労働条件を余儀なくされる貧民層による苦役を背景に、低コストな生産を求めるケースが現在も存在しています。このように、法令や制度的に脆弱性がある地域での人権抑圧が交易の副作用であるとデイリーは考えたのです。

第二に、労働力の移動の自由化による社会階層の格差拡大の問題です。現在も、フランスやイギリスをはじめとするヨーロッパ諸国、そして移民を文化的背景とするアメリカでは、移民流入による雇用環境の悪化と、移民やその末裔が直面する格差や差別の問題が根深い社会不安の根源となっています。交易の自由化はモノばかりでなく、ヒトやカネの自由な移動へと発展しますが、そこで生じるのがこの問題です。

日本で私たちが目の当たりにしているように、先進国では人口成長が緩慢になってきます。「生産すればした分だけ消費される」という主張をするサプライサイダー経済学者の立場からすれば、生産力が経済規模を規定するため、生産性向上がはたせなければ、移民を含めて労働力をいかに取り込んでいくかが政治的な問題となります。しかし、文化も異なり、労働条件も必然的に差が生じる環境となるのがつねで、移民を受け入れる側からは既存の雇用を奪われた人々の不満が発生し、移民からは格差や差別に対する不満がふくらむ傾向が強いです。

このように、自由貿易にかんしては、経済学的にプラスの面もあるのですが、副産物も少なくない点を認識すべきでしょう。グローバリゼーションが急速に進んだ過去30年余りですが、そろそろ再考の時期にきているようです。

先進国民は世界中が自分と同じ生活をすることを考えるべき

地球上の人口が増えれば、排出される二酸化炭素量も増えますすし、消費による地球環境の疲弊も進みます。そればかりでなく、人口増加と同時に経済成長をはたす国も増えます。デイリーは、「12億人の中国人が全員電化製品やクルマを所有し肉食になったらどうなる」という警鐘を鳴らしています。電化製品や乗用車はわかりやすいのですが、肉食の影響はどうでしょう?

牛肉1単位の生産には、飼料としての穀物の提供が必要となります。一般的に肉1単位につき穀物10単位が必要となるということですから、肉食化の影響は穀物資源の消費を10倍にするということになります。中国人による爆買いや爆食という表現がここ数年で常態化しましたが、まさにライフスタイルが先進国の仲間入りをはたせば、幾何級数的に地球環境への負担が重くなることは自明です。

（7）デイリーの提案

人口抑制と富の分配

これらの問題意識を受けて、デイリーが定常経済を実現するための方策として提案したものの1つが、人口の抑制と富の分配です。

地球環境への負荷は、おおまかに表現すれば、人口とライフスタイルの掛け算になります。人口が多くなればなるほど、ライフスタイルが多消費となればなるほど、負荷は大きくなります。このため、負担を軽くする第一歩は人口抑制です。しかし、さすがに医療制度を後退させ、寿命を短期化することはできません。ですから、せめてこれからの人口増加を防ぐことが最初に着手すべき課題です。

日本をはじめ、先進国のなかでは、人口増加が緩慢ないしマイナスの国々がありますので、まずは人口増加率の高い国々が対象となります。そこで、デイリーが提案しているのが、女性の識字率の向上と避妊教育の徹底です。

しかし、人口抑制と富の再分配は、政治的にハードルは低くないのが現実です。日本でも、アベノミクスの一環で少子化への歯止めとして人口増加を政策目的に加えています。この部分について、経済成長を必ずしも求めない国民の理解と政府の決意が不可欠です。

国民所得計算の見直しと自然資本への投資

「ＧＤＰ」など、各国政府の政策目標の中心をなす経済統計は、地球環境を含めた人類を包む全体システムとしての最適化を目指す材料としては不十分です。なぜなら、国民経済計算は、再生不可能な消費と持続可能な産出物を同列にあつかっているからです。

そこで、デイリーが提起したのが新しい経済指標である「ＩＳＥＷ」（定常経済厚生指数、Index of Sustainable Economic Welfare）です。この指数は、通常のＧＤＰの計算に、自然資本やその他環境への負荷を減産項目として組み入れています。デイリーらの調査によれば、経済成長は必ずしも、定常経済の面から見た社会厚生に一致した動きとなっていないということです。

デイリーは同時に、自然資本への投資を提起しました。自然資本投資とは、植林による森林資源の永続的繁栄、自然資源の栽培（養殖や人工林）、栽培の待機などがあります。

課税の見直しと格差是正

最後に課税と再配分による格差是正です。

課税政策の中心は、労働者や企業の一般所得への課税を引き下げる一方で、スループット、すなわち環境消費への課税を高めることです。これにより、環境の使用を抑制するインセンティブを与えます。

課税による格差是正にかんしては、資産課税強化のようなピケティ的な提案はありませんが、所得再分配による格差是正にかんしては明確なビジョンとして、「10倍以内」というめどを示しています。デイリーによれば、プラトンは格差の許容範囲を4倍としているほか、アメリカ軍の給与については上下で10倍の差があるということです。

この点にかんして、数字的な裏づけをもった格差の許容範囲を明示することは難しいと思いますが、格差を広げない、市場原理と金融の力を活用した方策の必要性については後の章で述べたいと思います。

第3章　金融はパンドラの箱か

「金融」という言葉にプラスのイメージをもっている人は、金融業界に従事する人の一部を除けば、あまりいないのではないでしょうか。それだけ、格差や経済不安など、経済状況の諸悪の根源くらいの悪いイメージがついてしまっています。

金融というツールは、紀元前から人類にとって悩ましい対象でした。しかし、道具も使い方によってはきわめて素晴らしい機能をはたします。

本章では、そもそも金融とはどんなものなのか、宗教的な金融の取り扱いからどんなインプリケーションが得られるのか、金融が経済にいかなる影響を与えるのかを、順次検証していきましょう。そして、金融を私たちの社会の持続可能性に活かすためのヒントを導きたいと思います。

1　自省する金融

(1)　学者たちの反省

金融の技術的・学術的発展と挫折

学問のなかで、金融は経済学の領域に入ります。経済学は無数の専門分野への派生をしていきますが、なかでも独立性が強く、また突出した先鋭化を遂げたのが金融といってもよいと思います。とくに、デリバティブや資産運用分野については、ビジネス上の実利に直結することから、金融業界と学術界が手を取りあいながら発展を遂げました。

金融に先端的な科学的知見が加わったことは、「金融工学」という名称が加わったことや、理系人材が金融業界に流入したことからもわかります。

金融の学術的な発展においては、すでに何度となく試練の歴史を歩んできました。この類の話でもっとも頻繁に取り上げられてきたのが、「ロングターム・キャピタル・マネジメント」（ＬＴＣＭ）の破たんです。ＬＴＣＭは１９９４年にアメリカで運用をスタートしたヘッジファンドですが、当時の金融業界と学問の粋を集めた超ハイテク運用とよばれた手法で好調に運用成果を伸ばしていました。

このファンドには、ノーベル経済学賞を受賞し、オプション理論の礎を築いたマイロン・ショールズとロバート・ブラックが加わるなど、業界内でもその動向がつねに注目されていたのですが、１９９７年のアジア通貨危機とロシア危機をきっかけに破たんにいたってしまいました。

ＬＴＣＭは遠い昔の記憶かもしれませんが、リーマンショックはまだ記憶に新しいと思います。この2つのイベントの間には10年強の歳月が横たわっていますが、これらは基本的に、過信ともいうべきモデルの前提条件の誤りがありました。それは、さまざまな事象が発生する確率分布にかんする基本的な想定の問題です。

金融取引の前提となっている金融理論やモデルでは、為替レート・株価・債券価格などの金融商品の価格が、極端な乱高下を繰り返す状況は滅多に発生しないことが想定されています。しかし、２００8年には、１０００年に1度あるかないかという価格の大変動が見られました。

とくに、リーマンショックの前後1カ月くらいは、連日のようにこうした大事件が発生していたわけですから、やはり確率分布にかんする認識に誤りがあったというしかありません。

リーマンショック後に、ヘッジファンド運用者としての経歴を有するナシーム・タレブが著書『ブラックスワン』のなかで、社会に大きな影響をおよぼした上述のような確率論や、経験から予測できない極端な現象を「ブラックスワン」と称して話題になりました。また、確率分布の両端の裾部分を「テール」（尻尾）といいますが、想定以上に高い確率で異常な事象が発生することを「ファットテール」ともいいます。

このように、金融の枠を集めたビジネスが次々にもろさを露呈したのです。

「騙す」という表現を用いたアメリカ金融学会長の基調演説

金融分野の学術的な先導役ともいえる存在が、アメリカ金融学会（AFA）です。ここまで述べてきたような推移を同学会が見守ってきたなかで、象徴的なメッセージが、20

１５年初に行われた総会での開会挨拶で出されました。演台に立ったルイージ・ジンガレス会長が話す内容は、まさに、これまでの自分たちの学術的研究やこれを活用した金融ビジネスに対して大きな疑問符をつけるものでした。

演説の冒頭でジンガレス会長は、イギリスの「エコノミスト」誌が行ったサーベイを取り上げています。これによると、57％の読者が「金融が経済成長を後押ししたと思わない」と回答しています。

それに続き、ＬＩＢＯＲ[16]スキャンダルなどの金融業界の犯した問題を断罪しました。ＬＩＢＯＲとは、ロンドン銀行間取引金利の略称で、銀行間での短期資金の貸し借りを行う際の平均金利をイギリス銀行協会（ＢＢＡ）が計算し発表している金利指標で、正式にはＢＢＡ‐ＬＩＢＯＲといいます。ＬＩＢＯＲは、デリバティブや顧客向け貸出などにもっとも頻繁に用いられる重要な指標ですが、欧米を中心とする銀行が、自らの都合のよい数値に誘導するために操作した疑いが表面化したのがＬＩＢＯＲスキャンダルです。

この演説の核心部分は、金融業界と政府との間で進んできたレントシーキング（ロビイングなどによる業界に利する政策誘導）の問題です。規制緩和や規制強化などは行政の仕事ですが、豊富な資金源を背景にした大手金融機関が、政治献金などを行いながら金融業界がメリットに浴するような方向へと政府を導いたというのです。

この演説で当を得たコメントがあります。「スティーブ・ジョブズが大金を手に入れても世間は騒がないが、金融機関経営者の処遇には厳しい批判が殺到する」――このコメントが、金融に対する社会的な認識が「悪い」ことを物語っているというのです。これは、金融の社会に対するかかわり方が、必ずしも社会からありがたく思われていないということを意味しています。

また、ジンガレス会長は「Dupe」（騙す）という強い表現を用いて、先端的な金融技術を悪用していると金融業界を指弾しています。具体的には、デリバティブなどを複雑に組み入れた金融商品をつくり上げ、高いコストで知識の低い消費者や投資家に売りつけたあげく、大きな損失を負担させたということです。

16　London Inter-Bank Offered Rate（ロンドン銀行間取引金利）。

そして結論として、金融の進歩の速さが社会の理解を上まわる傾向を背景に、顧客の利益にそわない行動を金融サービス供給者が取るという「エージェンシー問題」[17]が発生しやすい点を強調しました。そのうえで、金融研究者の認識と社会のギャップを認識し、金融の社会貢献をしっかりと客観的事実をもって伝えるべきとしています。

（2） 監督強化の動きと金融市場の本質

規制強化の号砲が轟く

２００８年に発生したリーマンショック以降、世界各国は金融システムの安定を持続的なものとするため、一気に規制強化モードへと入りました。その号砲を轟かせたのが２００９年４月のG20ロンドンサミットです。

それまでは規制当局の情報交換などを目的とした、いわばゆるい国際的組織である「金融安定化フォーラム」を、金融安定理事会（ＦＳＢ）[18]に格上げしました。そのうえで、グローバルな金融規制を銀行ばかりでなく、証券・保険・ノンバンクなど幅広い業態で強化

図表3-1　FSBが入る国際決済銀行（BIS）本部

出所：筆者撮影

する方向へと一気に動き出したのです。

なかでも、金融危機の首謀者である銀行業界にかんしては、真っ先に規制の大改革へと進みます。2010年末に決定された「バーゼルⅢ」などが象徴的な改革ですが、その改革の哲学について簡単に述べておきましょう。

17　仕事を依頼する人（プリンシパル）と引き受ける人（エージェント）との関係を「エージェンシー関係」といい、エージェントがプリンシパルの利益に沿わない行動を取るようなリスクがある状況を「エージェンシー問題」が存在するという。

18　Financial Stability Board。主要25カ国の政府当局や中央銀行の代表者により構成され、銀行・保険など業態別の国際的な規制監督組織（バーゼル銀行監督委員会など）の上部組織の役割を担う。金融市場安定と金融危機再発防止を目的とし、「国際金融の安定に影響をおよぼすリスク・脆弱性の特定とそれらへの対処」「国際的な金融規制・監督にかかわる基準設定や政策策定の調整と実施状況のモニタリング」などを役割としている。

国際的な銀行規制の枠組みは1980年台のバーゼル合意[19]にさかのぼりますが、大きな曲がり角は2004年の「バーゼルⅡ」です。金融技術の発展や銀行が取り組む事業の多様化により、リスクが複雑かつ膨大なものとなっている状況を踏まえ、リスク管理の高度化を目指したのがこのバーゼルⅡです。

この際に、「リスクの本質や実態をもっとも把握しているのは監督当局ではなく銀行経営陣である」という認識のもと、銀行経営者の意識と行動を尊重する考え方が規制構築にありました。いわば性善説に基づくデザインです。

しかし、その後銀行経営陣の暴走により世界的金融危機が惹起されました。当然、銀行経営陣に対する信頼は不信へと変わります。信頼を裏切られたこととなった世界の監督者、とりわけ欧米の金融当局は金融業界に対して激しい憤りをもって規制改革へと乗り出します。

このため、2009年から2年もの歳月をかけて策定したバーゼルⅢは、性悪説を前提とした、徹底して銀行を縛るがんじがらめの規制デザインとなったのです。

金融は規制ではコントロールができない

しかし、金融規制は、どうしても金融技術の進展に遅れを生じさせます。金融機関は、規制の負担を軽くするための「イノベーション」を考えます。ですから、言葉は悪いですが、泥棒と警備保障会社との技術力の追いかけっこのような状況に陥りがちです。

例をあげれば、リーマンショックの一因となった証券化商品です。貸出や債券などに投入したお金が無事戻ってくるかという情報は、借り手や金融商品の返済能力を評価する格付機関による「格付け」という記号により提供されます。この格付けが高いランクであればあるほど、銀行が自己資本比率規制において求められる「所要資本」（最低限確保しなければならない資本の額）は小さくなります。

この格付けは証券化商品で多用されました。銀行や証券会社が、住宅ローンを買い集めてきてそれをリスクの高い証券と低い証券に分けて証券化商品として発行します。これが証券化です。このうちリスクの低い証券を再びあちこちから買い集めてきて、証券化を繰り返します。これを再証券化といいます。

19　1988年に合意された史上はじめての国際的な銀行自己資本比率規制。

こうした手続きを繰り返すことによって、格付機関が高い格付けを付与することができるような証券に仕立て上げるのです。このプロセスからは、「AAA」(トリプルA)という最高ランクの格付けを獲得した証券化商品が多数、世に送り出されました。

格付けが高い証券化商品を買った銀行は、同じ金額の住宅ローンをかかえるより所要資本が小さくてすみます。しかし、この規制のあり方が根底から揺らいだのがリーマンショックの前段階で発生した「サブプライム危機」です。

住宅ローンの焦げつきが急激に増加したため、高い格付けを得た絶対安心だったはずの証券化商品の価値が急低下し、銀行や投資家が多額の損失に直面したのです。つまり、格付けの情報に基づいて自己資本比率の算定をしていた枠組みそのものの信頼性が揺らいでしまったのです。

これをきっかけとして、アメリカを先導役として世界的に格付けへの依存から脱却する方向へと舵が切られました。

規制が対症療法的になってしまうのは、仕方のない話です。やはり、根源的な病巣にはたらきかけない限りは、規制で金融システムを安定させることは難しいと思います。

（3）金融の力《パワー》の使い方

それでも金融は必要

金融は劇薬です。社会を土台からひっくり返すような力があります。しかし、金融のない世界というのは現実的に考えられません。ここで2つの論点を示したいと思います。

1つは、そもそも本当に金融は必要なのかということです。直感的には必要であることはわかったとしても、なぜ必要かという点にかんしては、より本質的な金融の役割を理解しておく必要があります。そこで、貨幣と金融について基本的なところから解説しましょう。

毒にも薬にも

金融が世界経済・社会を脅かす力をもっているということは、それだけ経済・社会を動かすパワーがあるということです。猛毒も、ときとしては劇的な特効薬に変わることがあります。このパワーに注目したいと思います。

第2章までで、持続可能性を脅かす存在や、持続可能性を確保するための基本的な枠組みである定常経済について見てきました。しかし、経済全体を高邁な思想だけで動かすことは不可能です。それだけに、経済や社会のシステムを変革し、私たちが持続可能性ある世界へと導いていくためには、金融の力が必要なのです。

この章では、金融が経済や社会構造を変えるくらいの影響力をもっている点を、そのメカニズムとともに紹介したいと思います。そのうえで、持続可能性を高めるための金融の役割と、そういった役割をはたさせるための仕組みを考えていきたいと思います。

2　そもそも金融とは何か?

(1)　金融と貨幣

金利でなく「利子」の話

現代を生きる私たちの感覚では、「金利」も「利子」も「利息」も、言葉の違いだけで同じことを意味しています。しかし、厳密に利子は「実物利子」と「貨幣利子」に分かれます。私たちに馴染みのあるのは貨幣利子、つまり金利です。なぜ、このような話をもち出すかというと、金融取引の基本である利子は、本格的な貨幣の登場より古い時代にさかのぼるという意外な事実があるからです。

ニーアル・ファーガソンが書いた『マネーの進化史』などの文献[20]によると、利子の起源は紀元前19世紀のメソポタミア文明の時代までさかのぼります。古代バビロニアといえば「ハムラビ法典」ですが、当時の掟では大麦や銀の貸出についての最高利子率を決めていました。

バビロニアでは、銀と大麦が重さに応じて物々交換の仲介ツールとなっていたので、ある意味で秤量貨幣と考えてもよいかもしれません。具体的な上限利子は、大麦1クールに

20　川北稔編『歴史学辞典［第1巻交換と消費］』にも詳しい解説がある。

つき60クーの利子、つまり利子率に換算すると33・3％ということです。ちなみに、日本の消費者金融の貸出金利はその昔29・2％（利息制限法では15～20％）でしたので、たまたま同じ程度の利子が求められていたことになります。また、この利子は複利であったようですので、きわめて現代的な金融取引であったといえましょう。

興味深いのが、支払いが滞った場合の処置です。返済不能になると、借りた人、ないしは借りた人が担保として約束した家族や使用人が奴隷となったようです。そこでのポイントは、この奴隷身分が3年限りということがハムラビ法典で決められていたことです。ある意味で3年すれば借財が帳消しになる仕組みだったといえます。

この3年という期限が設けられていた背景として、富の偏在によるコミュニティとしての存続性の問題や、階層的な上下関係の固定化を防ぐ狙いがあったのではないかと、私は推測しています。

貨幣の本質

貨幣の歴史にかんしては、それだけで1つの学問分野となるくらいの奥行きの広さをもっています。このため、ここではごく手短に貨幣の成り立ちについて述べるに留めましょう。

貨幣は、物々交換の不便を取り除くための媒体です。古くから、自然貨幣（貝殻など）や商品貨幣（家畜や穀物）があり、その後、金属（金、銀、銅、青銅、鉄）が、秤量貨幣（金属の重さで価値を決める）として流通するようになりました。

そこまでは、貨幣そのものの価値が交換対象となるものの価値と同等と考えられます。その後、貨幣そのものの価値とは無関係に、統治者が決定し発行する計数貨幣に変遷します。そのシンボリックなものは、中世ヨーロッパで登場した紙幣です。いまでこそ紙幣は貨幣の代表ですが、金属貨幣のように、お金そのものに希少性に裏打ちされた価値のあるものから、ほとんど無価値に近い紙切れへと転換されていくことは、革命的な出来事です。

もともとは、ヨーロッパ大航海時代に、交易などで金銀を大量に流通させていたのですが、安全性や流通性から、金銀を両替商に預け、代わりに証書を発行するようになりました。この証書は金銀に交換可能なため、紙切れでありながら価値をもったのです。これが兌換券（金銀との交換が可能な紙幣）のルーツといえます。

近代に入ってからは、貨幣の発行権限は国、厳密には中央銀行に統一されました。金の裏づけをもとにして兌換券の証書（紙幣）が発行される通貨制度を金本位制といいますが、金本位制は１８１６年にイギリスにはじまり、19世紀後半には世界に広まりました。

しかしその後、世界恐慌のあたりから多くの国で兌換措置が停止され、第二次世界大戦後は米ドルのみが金に兌換可能となったのです。このため、その他の国々の通貨はドルと決まった比率で交換することで、実質的にどの国の通貨も、ドルを経由しながら金に兌換できる体制となりました。これが固定相場制です。ただ、アメリカは１９７１年に兌換停止を発表（いわゆるニクソンショック）、為替レートが変動相場制へ移行するとともに、各国の貨幣が金との兌換が前提ではない「紙」となりました。

ここまでの説明で気づかれたと思いますが、希少価値のある金との交換（兌換）が可能となることで、貨幣は金によって価値が保証されていました。しかし、兌換停止以降は、貨幣の価値は、それを保有する人々が「価値がある」と信じることによって維持されることとなります。これが「信用」です。

紙幣や硬貨のような現金通貨ばかりでなく、実物が手元になくても、口座振替や送金などであたかも実物のお金のように使える預金通貨がありますが、これらは紙切れや、現在の硬貨のように（表示された金額ほどの）価値をもたない金属、あるいは目に見えない預金契約によって存在が保証されているものにすぎません。これらが「通用」するのは、それを使う人々が国への信頼であるとか、通貨への信用をもっているからです。

最近は、「ビットコイン」なるものが存在感を増しています。ビットコインとは、政府が価値を保証することもなく、金などの希少価値のある実物との交換もできない仮想通貨です。詳細な説明は省きますが、ビットコインは希少性と参加者による信用の2つによって価値が保持されます。

ビットコインは「マイナー」とよばれるスーパーコンピュータを駆使した人々によってプログラム上発行され、それが参加者間の交換や、一部ビットコインにより物品の購入が可能なお店もリアルにあるため、価値が認められています。プログラム上の総発行量が2100万ビットコインと上限が決められていることにより、希少性が確保されています。さらに、同コインの発行期限も、125年後に設定されていることで無期限・無尽蔵に発行されることがないように設計されています。2016年8月現在5万円前後で1ビットコインが取引されているようですが、このような政府通貨との交換が認められているということは、ビットコインに対する信用が維持されているためです。

つまり、貨幣や通貨のよって立つところは「信用」であり、これがなくなれば貨幣制度は瓦解し、金属や商品貨幣の時代へと逆戻りするでしょう。

貨幣はなぜ存在するのか？

貨幣が物々交換より便利な媒体として存在を確立してきたことは述べましたが、貨幣の存在意義はそればかりではありません。機能的には、価値尺度機能、交換機能、価値の保蔵機能に分かれます。以下、拙著『トップアナリストが教える金融のしくみと理論』に基づき、解説します。

第一に、価値尺度機能です。サンリオピューロランドの公式ホームページによれば、キティちゃんの身長はリンゴ5個分、体重はリンゴ3個分ということです。世の中のすべてのものがリンゴで表現できれば簡単なのですが、なかなかそうもいきません。貨幣はモノの価値を測るうえでは便利な手段なのです。

第二に、交換機能です。リンゴとスイカを交換するよりも、貨幣を媒介したほうが簡単です。なぜなら、それぞれの価値を貨幣単位として決められるため、1対3・3個の物々交換ではなく、リンゴ1個を300円、スイカを1個1000円として貨幣を媒介させたほうがやさしいわけです。

第三に、価値の保蔵機能です。リンゴ農家の人が自動車を買うのに、今日でなく1週間後にしたいという場合、リンゴを1週間後に自動車と物々交換するよりは貨幣に変えて、1週間後に購買にあてたほうが、リンゴが腐らなくていいわけです。消費の選択を時間軸で行うことが可能なのも、貨幣の価値保蔵によるところが大きいです。

貨幣と金利は金融のもっとも基本となる要素です。ここまで、利子や貨幣の基本について述べてきましたが、少なくとも貨幣にかんしては一定以上の意義と必要性は確認できたと思います。次に、金利について、その存在意義を考えていきましょう。

（2）金利が意味するもの

恩返しとしての金利

まず、山本周五郎の『新潮記』の一節からはじめましょう。

これは、ときは江戸時代で、人情深い若き武家に世話になっている元芸妓の老女の言葉です。

「世の中というものは人間が集まって出来ている、どんな生業をしようとも、世間と関わりなしに自分ひとりで生きられるものではない。（中略）人間は生きているというだけで誰かの恩恵を蒙《こうむ》っている、他人の造った家に住み、他人の作った米麦を喰べ、他人の織った着物を着る、日々の生活に欠かせない有《あら》ゆる必要な品々が、すべて見も知らぬ他人の丹精に依《よ》って出来たものだ。ひとから物を借りれば、いつかは礼を付けて返さなければならない。返せない借物なら、それに代わるだけの事をするのが人間の義理である。世の中に生きて、眼に見えない多くの人たちの恩恵を受けるからには、自分も世の中に対してなにかを返さなければならないだろう、自分はそれをしたであろうか。」

何かを借りたときには、御礼をつけて返すのが道理だということが、この物語のなかで述べられています。貸し借りに限らず、人から何かの厚意を得たときは、少なくとも心のこもった御礼の言葉、その内容によっては贈り物などを御礼の気持ちとしてお返しするということは、私たちの文化のなかではごく自然なことです。

ですから、お金を借りれば、その御礼として利息を載せて返済するということは、なんら違和感がありません。これは、あくまでも心情的な話ですが、現実の世界ではビジネスとして金利の授受が行われます。こうした金利の発生の背景にかんして、その正当性を裏づける学説があります。以下、なぜ金利が必要なのかを各学説にしたがって見ていきましょう。

4つの金利にかかわる学説

金利にかんしてはおもに4つの学説があるので、簡単に説明しておきます。

第一に、19世紀のイギリスの経済学者のナッソー・ウィリアム・シニアによる「制欲説」

です。資金を消費することなく第三者に貸し付けることで、貸し手はある種の我慢を強いられます。この我慢の対価として金利が与えられるというものです。

第二に、19世紀のオーストリア学派を代表するオイゲン・フォン・ベームーバヴェルクによる「時差説」です。現在所有できる財は、将来も使えるので、将来入手する財よりも高く評価されるべきであるという説です。わかりやすくいえば、現在の100円を投じて手に入れた商品は、将来100円で入手する商品よりも、将来の時点において（現在からその時点まで利用可能だったことを踏まえ）高く評価されるべきだということです。その評価の差分が金利ということになります。

第三に、ヨーゼフ・シュンペーターによる「動態説」です。生産技術の発展にともない削減できるコストに見あうのが金利であるという考え方です。言い方を換えれば、成長に応じた部分が金利であるということです。わかりにくいかもしれませんが、これは自然利子率の発想と同様です。自然利子率は、定義的には投資と貯蓄を均衡させる金利水準を指しますが、「資本の限界生産力」と換言できます。つまり、資金を投下したことで増加する生産、つまり成長です。

第四に、有名なケインズの「流動性選好説」です。手元に現金、すなわち流動性を置いておくことで安心できますが、第三者にわたすことによって、すぐに使えない不便さや不確実性による不安がもたらされます。この不安の対価が金利ということです。

マイナス金利を含めた一般的な「金利」の意味あいとは

お金を使わないことによる我慢（制欲説）や、現在から保有することによる使用価値（時差説）については、いわんとする気持ちはわかるのですが、ゼロ金利ましてやマイナス金利は説明できません。

一方で、ケインズの流動性選好説には付録として「流動性の罠」があります。ケインズの例では2％以下の金利水準が使われていますが、異常な低金利の水準では、貨幣を保有しても債券投資や貸出を行っても差がないため、貨幣の保有の需要が増えるというものです。しかし、金利はゼロ以下にはならないという前提がありました。

もっとも腹に落ちるのが、動態説でしょう。技術革新の不在や少子高齢化などは成長の足を引っ張ります。これは資本の限界生産力を低下させ、自然利子率を切り下げます。その延長線うえではマイナス成長によりマイナス水域へと入ります。

経済成長が前提の時代であれば、プラスの金利は当然でしょうし、その合理性としてはこれら4つの学説のいずれも当てはまると思います。しかし、経済成長がなくなれば、金融の大きな要素である金利も、必ずしも必要要素とはいえなくなると思います。

(3) 実物経済と乖離する拡大する金融

貨幣は腐らない

第2章で登場したソディは「貨幣は腐朽しない」と述べていますし、ドイツのファンタジー作家ミヒャエル・エンデは「自然界のあらゆるものは腐るのに、この世でお金だけは腐らない」として金融システムの弊害を訴えています。[21]

モノを円滑に流通させ、消費のタイミングを「いまか未来か」コントロール可能なものにし、産業資本として経済成長を後押しする存在のお金ですが、その便利さには「腐らない」特性があるからです。その「貨幣」という存在が実物経済から遊離していくことを憂慮したのが、エンデの強調したかったところです。

金融が実物経済から遊離する理由は、複数存在します。

第一に、金融が金融をつくっていくプロセスです。株式市場などは簡単な例です。株式会社は株式を発行して、その調達資金で経済活動を行います。ひとたび発行した株式は株式市場で自由取引に供されます。そのなかで、その会社の成長を期待する投資家が多ければ株価は上昇を続けます。会社の時価総額（発行済み株式数×株価）は増えます。しかし、会社が自身の経済活動に供給する資金が増えるわけではありません。

第二に、デリバティブによる仮想空間における金融取引の増大です。デリバティブ取引では、取引の背景として経済活動の実体があるものも存在しますが、必ずしもそうしたものは必要ではありません。ドルが円に対して下落すると見れば、手元にドルがなくても大量のドルを売却して円を買う取引が可能です。国債などの長期金利が低下するという見通しがあれば、「固定金利を受け取る代わりに変動金利（毎期見直される短期金利）を支払う」

21　河邑厚徳『エンデの遺言―根源からお金を問うこと』日本放送出版協会、２０００年という金利スワップ[22]取引を数百億円単位で行うことも可能です。

第三に、複利計算による膨張です。金利計算には単利と複利がありますが、複利計算では利息が利息を生むため金額は雪ダルマ式に増えます。この点については「複利計算の悪魔」として次に詳しく述べます。


「複利計算の悪魔」


金利の形態は、大きく分けて「単利」と「複利」の2つがあります。単利は、元本を変化させずに計算して利子を決めます。複利は、元本に利子を加えた金額をもとに計算して次回の利子を決めます。定期預金が１００万円、預金金利が10％として2年間の預け入れを考えます。

単利の場合は、1年後に利息として支払われる10万円を引き出し、もとの元本１００万円を再び1年間の定期預金にします。そして2年後に１１０万円を受け取りますので、2年間のトータルは１２０万円、うち利息は20万円となります。

これに対して複利では、1年後に受け取る10万円の利息を元本に上乗せして再び1年間の定期預金にします。したがって、預け入れ当初の元本は100万円だったのが、1年後に預け入れする定期預金の元本は110万円となり、2年後の受け取りは121万円となります。利息は単利よりも1万円多い21万円です。この1万円の差が「利息が利息を生んだ」部分となります。さらに10年間の複利運用を考えると、100万円の元手がなんと260万円となります。100万円の預金が単利と複利だと元利金の増え方がどうなるかを、図表3-2でグラフ化してみましょう。

これは、まさに「複利の悪魔」といってもいいものです。借り入れの場合のほうが、実感があるかもしれません。たとえば、消費者金融で100万円借ります。10年経過しました。負債は5倍以上の523万円となります。

22　異なる種類の金利を将来にわたって交換する取引。たとえば、Aさんが100万円を銀行から借りて、支払う金利は毎年見直される「変動金利」であるとする。一方で、Aさんの収入は毎年5万円と決まっているとしよう。変動金利は1年目に1%だったのが翌年以降は10%に跳ね上がると、Aさんは利息が払えなくなる。そこで、Aさんが100万円に変動金利を掛けた金額をBさんから受け取り、BさんはAさんから100万円に3%を掛けた金額（3万円）を毎年受け取る契約をすると、Aさんは金利の上がり下がりへの心配をせずに働くことができる。これが金利スワップの機能の1つ。

図表3-2　100万円を年利10%で預金した場合の元利金の推移（万円）

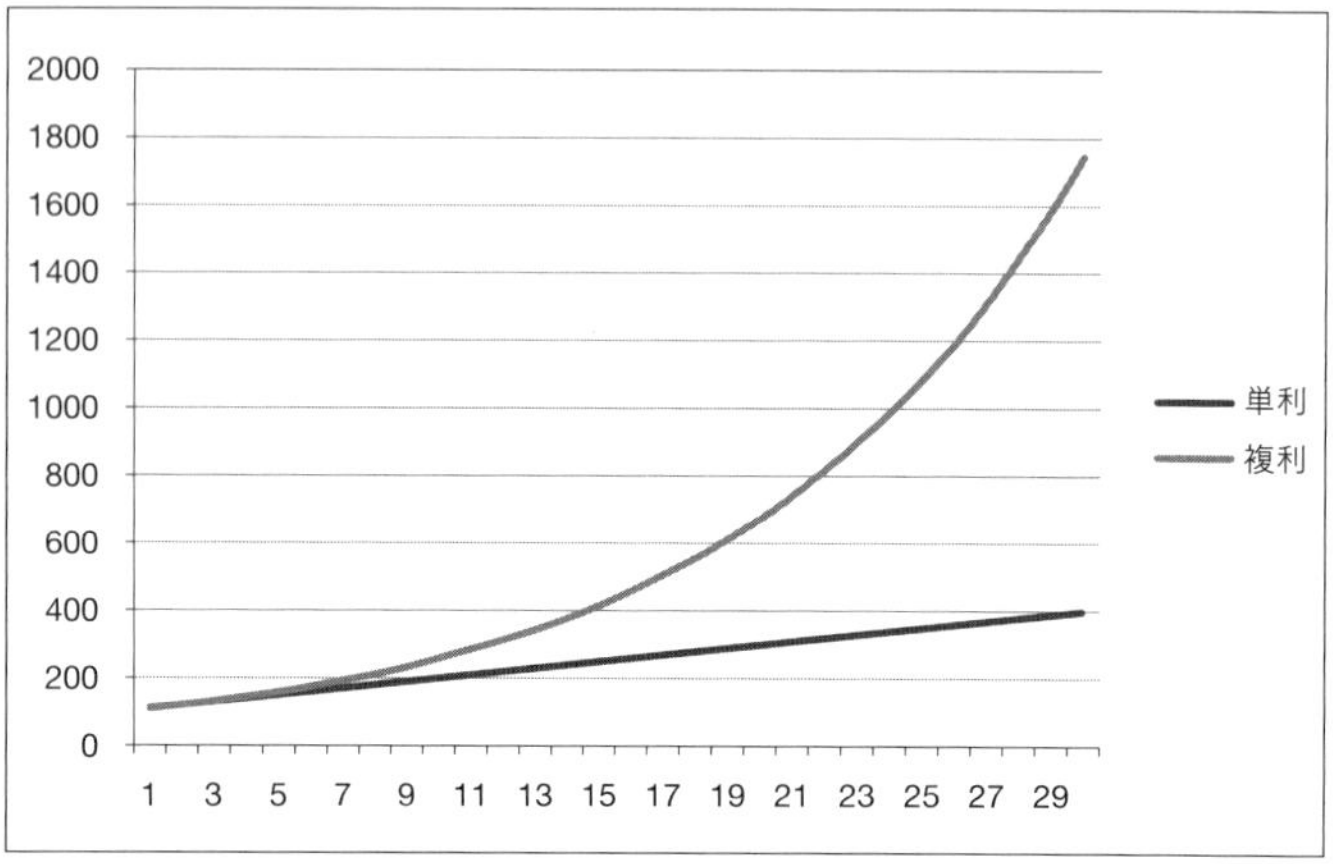

出所：野﨑浩成『トップアナリストがナビする金融のしくみと理論』

実物経済の成長スピードがこのような状況であればよいのですが、持続的な高成長など望むことは難しいので、複利計算の金融資産や負債は実体経済から乖離幅を広げることとなります。

このような「複利計算の悪魔」の存在を怖れていたからなのか、昔から、コミュニティや宗教によっては金利を禁止していたところがあります。しかし、こうしたコミュニティなどでも経済取引が活発になるほど、禁止した金利をなんとか使いたくなる……そういった経緯を次に説明することで、金融の必要性を確認していきましょう。

3　金融に向きあう宗教の苦悩

（1）教義と生活のジレンマに悩む宗教

古代バビロニアから続く葛藤

「利子の起源」で登場したメソポタミアのハムラビ王朝ですが、当時の法規で利子率上限が厳格に定められていたこと、そして返済不能に陥ったときの苦役（奴隷）の最長期間（3年間）が与えられていたことなどは、金融の社会への悪影響に鑑みた措置だと思われます。

農業にしても商工業にしても、経済活動を行っていくなかではパフォーマンスのよい人とそうでない人が出てきます。うまく収穫できない人々は、当然のことながら絶対的に不利な立場になり、そこから「持てる者」と「持たざる者」の格差が開いていきます。

金融（厳密には、古代バビロニアではモノの融通でしたが）は、不利な立場の人を救済する術でありますが、それだけに、大麦などの融通をしてもらうときに貸し手の悪意から守る必要があります。利子率の上限も返済不能時の処置も、こうした弱い立場の人々を金融の暴力的な負の作用から保護するものであると解釈されます。

これは、格差が拡大する社会が、不安定な社会構造をつくってしまうことが認識されていた証しではないでしょうか。同時に、金融機能が格差を拡大し弱者に暴力的な作用をおよぼすリスクも理解されていたものと考えていいと思います。

アリストテレスも金融がお嫌い

紀元前のギリシャの哲学者アリストテレスも、金融に対して否定的な考え方をもっていたことはよく知られています。アリストテレスは、おカネを貸し付けて金利を取る取引について、「貨幣が貨幣を生むことは自然の法則に反している」[23]として金融取引をもっとも自然に反するものと述べています。

さらに、「高利貸しは憎まれて当然である。貨幣は財の交換の対価として機能するものであり、利子は貨幣をより多くするので、取財術としては自然の理に反している」とも述べています。きわめて強烈な金融取引への反発です。

これらの言葉は、経済的な実物の対価であるおカネが、経済活動とは独立したところで自己増殖することの奇怪さを説いたものだと思います。

また、同時にこれは戒めの意味もあり、ただでさえコミュニティにおいて貧富の差が拡大しやすいなかで、金利は貧しい人々の困窮をさらに深刻化させることでコミュニティの存続を危うくすることを意味しているものと考えられます。

宗教は金融を必要とする社会に直面する

古代文明の時代から三大宗教の勃興期に時代が移っても、経済活動から生じる金融ニーズとコミュニティの持続可能性の狭間でのジレンマは続きます。

現在においても、「イスラム金融」という言葉が暗示するとおり、イスラム教においては金利を禁じています。ユダヤ教やキリスト教も、金利の禁止からさまざまな紆余曲折をへてきました。

23　アリストテレス『政治学』第１巻。

次に、それぞれの宗教における金融との向きあい方から、金融の本来あるべき姿を洞察していきたいと思います。

（2）イスラム教における利息の禁止

「イスラム金融」とは

「イスラム金融」は、イスラム教の教義にある金利・利子の禁止をクリアしながら、実質的な金融取引を行う仕組みを指しています。近年では、日本の金融機関もイスラム金融の研究とビジネスの強化に乗り出しています。これは、中東地域はもちろんのこと、日本の銀行が戦略上重要視しているアセアン諸国のなかでも、インドネシアやマレーシアなどではイスラム教徒が多く、イスラム金融なしにはこうした地域における戦略展開が困難だからです。

余談ですが、日本の監督当局もこうした動きを踏まえ、２００８年末施行の銀行法施行規則改正によって、銀行のグループ金融会社にイスラム金融のうち金銭の貸付と同等の取り扱いが認められました。[24]

イスラム教では利息の受け払いが厳しく禁止されていますので、イスラム金融では、ムラバハ（商品売買契約の仲介に銀行が立つ割賦販売方式）やイジャラ（リース）などの商品を媒介とした金融取引、ムダラバ（出資組合のかたちでプロジェクトから得られる収入を配当で分配）やムシャラカ（パートナーシップへの参加による配当での分配）などの事業投資・配当還元タイプの金融取引などの工夫が必要となります。[25]

金利の禁止

では、イスラム教において金利が禁止されている思想的背景[26]はどういったものなのでしょう。

第一に、金利収入というのは、人ではなくおカネが稼いだ果実であるため、「不労所得」

24　銀行本体（海外支店を含む）におけるイスラム金融の取り扱いは、銀行法において限定列挙された業務外であるため認められていない。
25　詳しくは、北村歳治・吉田悦章『現代のイスラム金融』日経BP社、2008年を参照。
26　この背景について具体的にまとまっているのが、芦川博通『経済の倫理―宗教に見る比較文化論』大修館書店、1994年

とみなされる点です。汗をかいて働いた結果を享受すべきであり、不労所得は許されるべきではないという考え方です。

第二に、資金を借りて経済活動を行う場合の成果は、不確実性がともなうにもかかわらず、金利はこうした不確実性とは無関係に設定されている点です。これをイスラムでは、「未知の結果への報酬の先取り」とみなし、不公正な取引と考えます。

第三に、利息は借り手のみに強制され、貸し手は債務者の経済活動の利益に浴するだけであるという点で、これを不公正な取引と位置づけています。イスラムの思想では、富めるものは貧しきものに施すべき、という考え方であるため、利息は借り手からの略奪とみなします。

（3）ユダヤ教およびキリスト教における利息の禁止

ユダヤ教における金融とは

アメリカをはじめとして、欧米の投資銀行など多くの有力金融機関がユダヤ資本により成立したことはよく知られています。金融市場において類まれな才能を発揮して、名を馳せたユダヤ人も少なくありません。そのイメージから想像すると、ユダヤ教は金融に寛容なのではないかと考えても不自然ではありません。

シェイクスピアの代表的戯曲「ヴェニスの商人」[27]においても、登場する金融業者はユダヤ人です。しかし、ユダヤ教においても一定の前提のもとで利息が禁止されています。『旧約聖書』[28]の「レビ記」では、「同胞がともに生きられるように（金や食糧を与えると

27　シェイクスピアの名作「ヴェニスの商人」で、強欲なユダヤ人高利貸しシャイロックが、借金返済の期限を破ったペナルティとして債務者の肉1ポンドを要求する場面が出てくる。あるとき、商人アントニオに大金を貸すことになり、キリスト教の教義（キリスト教徒間の貸金に利子を取らない）に則り、シャイロックも利子を取らないことにするが、返済できない場合はアントニオの肉1ポンドをいただくという条件をつけた。アントニオは返済できず、シャイロックに人肉裁判にかけられる。しかしアントニオ側の法学者が契約の正当性を認めつつも「契約には血が含まれておらず、血を一滴もこぼさずに肉を切り取らなければいけない」と主張し、シャイロックは敗訴した。当時、ユダヤ人として差別を受けていたシャイロックが、高利貸しという悪役を引き受けたものである。このため、ヴェニスの商人は、金融業の代名詞のような使われ方をする。

28　ユダヤ教の文脈でキリスト教徒の呼び名である『旧約聖書』という言葉を用いることは問題もあるので、注釈をつけると、厳密には旧約聖書と同じ内容をもつ「タナハ」という経典と読み替えを行っていただいたほうがいいかもしれない。

き）利息を取ってはいけない」とあります。「出エジプト記」でも、「貧しい者に金を貸すなら利息を取ってはならない」と述べられています。

しかし他方で、「申命記」では「外国人つまり異教徒には利子をつけてよい」という記述もあります。つまり、ユダヤ教徒のコミュニティ内においては利息のやりとりは禁止ですが、コミュニティ外への貸出であれば特段の禁止措置が求められていないということです。ユダヤ人の高利貸しの存在は、ある条件下で認めたことになります。これで、現在にいたっても金融市場でユダヤ教徒が活躍する背景の1つを形成しているものと受け止められていると思います。

キリスト教における金融の変遷とは

現在にいたっては、キリスト教徒が多数を占めるアメリカやヨーロッパの国々で金融がもっとも活発に行われています。しかし、キリスト教においても金利を取ることが禁止されていた時期がありました。ユダヤ教では同胞間での利息を禁じていたと説明しましたが、キリスト教では同胞間ばかりでなく金利そのものが全面的に禁じられていたのです。

大きな転換期は、キリスト教が支配的であったヨーロッパで農業革命が起きた11世紀頃はじまります。三圃制農業[29]の普及などによって生産力が高まり、経済規模が拡大していきます。そのなかで、貨幣経済が活性化して金融の下地をつくりました。その後、十字軍遠征の出港地となったイタリアのベネチアなどに東方貿易からの物資が集まるようになり、イタリア商人が活躍する時代になります。当然、商業の発展は金融取引のニーズを高めていきます。キリスト教は経済的ニーズと教義のジレンマに立たされました。

そこで中心的な役割を果たしたのが、イタリアの神学者であり、スコラ学の代表格トマス・アクィナスです。アクィナスは、キリスト教の教義に基づき禁じられている「ウスラ」（ラテン語で公正さを欠いた高利を意味する）を否定しながらも、「損害の補償」であれば貸し手が借り手に対して求めることができるとしました。[30]

29　耕作地を三分割して作物を替えることにより、土壌の生産性低下を避ける農法で、生産力向上に大きく貢献した。
30　柳沢哲哉「聖書が禁じ、協会が認めた歴史 神と人の綱引きが定める水準（世界史を動かす 聖書と金利）」週間エコノミスト２０１６年６月２日号、毎日新聞社、pp24-25

損害の補償とは、返済遅延時にペナルティを求めることを含みます。これを応用すると、たとえば1日などの超短期間の貸付を行って、その期間は無金利とします。当然そのような短期間では返済ができないので、延滞が生じます。そこで、延滞費用を金利代わりに請求するというものです。これをラテン語で「人と人の間」を意味する「インテレッサ」と規定し、ウスラと明確な区別をすることで金利の正当化を図ったものです。

どう考えても詭弁を弄しているようにしか思えませんが、それだけ経済取引における金融の必要性が高かったということでしょう。

その後、15世紀になると貧者救済を目的に開設されていた公益質屋（モンテ・ディ・ピエタ）も金利を取ることが公式に認められるようになりました。16世紀には宗教改革が進み、改革者カルヴィンが、金利をキリスト教義上問題なしと解釈してから一気に金融取引が活発化されます。

（4） 宗教観と利息の禁止についての考察

金融はパンドラの箱か

いくつかの主要な宗教における金利禁止にかんして述べてきました。その背景について、さらに考察を深めたいと思います。

古代メソポタミアからはじまり、主要宗教における教義の変遷にいたるまで、金利を禁止ないしは制限していたという事実が物語っていることから、金融取引を大々的に認めた場合のリスクについて、古の人々がしっかりと認識していたことがわかります。共通して考えられるリスクとは、「コミュニティの持続可能性」の崩壊にほかなりません。

つまり、金融は、経済活動が一定水準を超えると必ず必要となってくること、しかし、金融を認めることはパンドラの箱を開けるかのごとく、引き返せない窮地が目の前に現れるかもしれないという怖れです。これは、現代に暮らす私たちにとっても非常に興味深い点であると思います。

金利を禁止する理由

金利を禁止する第一の理由は、格差の拡大によるコミュニティの崩壊リスクへの畏怖です。持てる者は、持たざる者から金利を受け取ることを積み重ねていきます。当然にして貧富の差は拡大していきます。ハムラビ、アリストテレスから連なる系譜は、このことを異口同音に唱えています。

そして第二の理由は、金融が経済から離れて自己増殖する危険性です。これは「複利計算の悪魔」で実感されたものと思います。

文化人類学者の吉村文成氏[31]は「お金はシンボルにすぎない」とする興味深い解説をしています。

お金は、財やサービスとの交換対価として効用を数値化した「シンボル」にほかならないというのです。財やサービスは有限であり、すなわちそこから発生する効用も有限ですが、お金に有限となる制約は必ずしもはたらきません。財やサービスとお金の1対1の対応関係がつねに成り立つのであれば、シンボルであるお金も有限であり続けなければならないはずですが、この関係からシンボルのみが抜け出した場合に、シンボルが無限に増長する可能性が出てくるのです。

4　持続可能性の視点からの金融

(1)　我が国における仏教と金融

金融を否定しない仏教

イスラム教や過去のキリスト教において、金融取引における利息の制限について見てきましたが、もう1つの主要宗教である仏教では、いささか趣を異にしています。根本的に、仏教では金融を否定していないためです。

金融を否定しないということが、金融の暴走やコミュニティの崩壊への危機感の希薄さを暗示しているわけではありません。むしろ、これまでの仏教と金融とのかかわりあいを見る限りは、持続可能性を高めるための金融の利用という側面が強いと思います。

31　吉村文成「利息を禁止した宗教の知恵」国際文化研究11号。

本節では、「仏教」と「地域通貨」という、それぞれ無関係に見える事柄を取り上げながら、金融が私たちの社会の持続可能性が高められるヒントを探っていきたいと思います。

古代仏教の金融取引

仏教では、仏教の源流をなす上座部仏教（大乗仏教から見た小乗仏教）の時代から現代にいたるまで、利息を禁止するような禁忌はありませんでした。とくに、出家者による修行と厳しい戒律を前提とする禁欲的な上座部仏教の時代においてさえ、平然と金融取引が許容されていたことは意外でもあります。

インドで生まれた原始仏教の時代においても、金融取引が教団維持に利用されていたようです。これは、日本でいう「無尽」というカテゴリーに類するものです。無尽とは、頼《たの》母子講《もしこう》などさまざまな形態がありますが、基本的には、困った人を助けるための相互扶助の金融手段です。

仏教に限らず、すべての宗教は教団としての存続や布教のために資金を必要とします。必要最低限の資金集め[32]には寄付や布施だけでは安定的に賄えません。そこで、無尽による利息収入も教団の運営となっていたようです。

日本の仏教と金融

仏教にかかわる金融取引については、鎌倉時代における資料が明確な記録として残されています。鎌倉時代から室町時代にかけて行われた代表的な金融手法が「祠堂銭《しどうせん》金融」といわれるものです。

「祠堂」とは、もともと臨済宗、黄檗宗、曹洞宗などの禅宗寺院が供養のため位牌を安置するために建てた御堂のことを指します。こうした禅宗寺院においては、入牌料や供養料として布施・寄進された財物を貯蓄したものを祠堂銭といいます。そして、その祠堂銭を元手にして、寺院が人々に資金などを融通する取引が「祠堂銭金融」です。ここでは禅宗と書きましたが、祠堂のルーツが禅宗にあるだけで、他の宗派にかんしても同じような仕組みで金融取引がありました。

元来、祠堂銭金融は寺院内や檀家のなかの困窮者を救済することが目的でした。しかし、

32　Laurence and Feler（2011）などは、宗教による寄付、布施、物品販売などのファイナンス（ファンディング）を類型化して分析を行っている。

時代とともに、寺院運営の経費を捻出するための手段としての役割を担うようになり、公家・武家・庶民など幅広い層に貸し付ける対象が拡大していきました。

なお、祠堂銭金融は、幕府や朝廷からも一目置かれる存在だったようです。それは、いわゆる「徳政免除」の特権が与えられていたことからも推察できます。徳政とは、借入の負担が圧しかかる困窮者の救済などの目的で、奈良時代以降において、断続的に朝廷が実施してきた社会政策です。

徳政のなかで代表的なものが債務免除を求める徳政令です。徳政令は、鎌倉から室町時代にかけて幕府の政策としてたびたび実施されました。しかし、祠堂銭金融だけは対象外とされていました。幕府は寺社に対する手厚い保護の一環として、祠堂銭金融に徳政免除の地位を与えたのです。[33]

祠堂銭金融の成長と発展

こうした祠堂銭金融の変遷にともない、そのあり方も変貌を遂げます。まず、祠堂銭金融は、次第に禅宗寺院から仏教諸宗へと急速に拡大していきます。[34]徳政免除の特権の威力は強く、祠堂銭金融は急速な成長を遂げたのです。

それに加えて興味深いのが、土倉《どそう》向けの貸出です。「土倉」とは、鎌倉から室町時代にかけて活躍した金融業者です。当時の土倉は、現在の質屋のように財物を担保として、その価値に相当する金銭を高い金利で貸し付けていました。つまり、寺院がプリンシパル、土倉がエージェントとなって祠堂銭の運用を行っていたのです。

中世の祠堂銭金融に詳しい中島圭一氏[35]によると、祠堂銭金融が土倉と結びついた理由の1つは、徳政免除の地位の活用です。中島氏が調査した京都の長福寺や東福寺の古文書によると、寺院が土倉など他の金融業者へ運用委託した場合においても、委託先の金融業者から貸し出された資金も徳政免除の対象となっていたようです。

また、2つ目の理由として、寺院には信用リスクを評価する十分な能力が備わっていないために、専門家である土倉などへ運用を委託したのだといいます。借り入れを申し込む人々は、相応の困窮が背景にあったので、返済能力にかんする判断が素人の寺院では難し

33　徳政免除の例外としては、1454年の徳政一揆の際に祠堂銭金融も徳政対象となった。
34　中島（1993）。
35　中島圭一「中世京都における祠堂銭金融の展開」史學雑誌102（12）、pp2073-2105、1993年

かったわけです。

現代の銀行もそうですが、情報の非対称性がある世界では、金融のプロの審査能力を活用が必要であるということでしょう。いわば、現在の銀行の「情報生産能力」に該当する機能を寺院が土倉に求めたものと考えられます。

金儲けが目的ではなかった金融

ここまで見ていくと、衆生救済を追究する立場にある寺院が悪徳金融業者と結びついて、金儲けに走っている印象があります。しかし、実際はこうした印象とは異なり、暴利を寺院がむさぼることはなかったようです。

そもそも祠堂銭金融という行為は、金儲けが目的ではないということです。それは、貸出金利が低く抑えられていたことからもわかります。

中島氏が調査した資料によれば、当時の貸出金利の相場（5～6文子＝月利5～6％）より相当程度低い2文子（月利2％）とあります。それでも年利に換算すると24％、現代の消費者金融の上限金利をも上まわる水準ですが、当時の土倉の貸出金利の相場が年利換算60～72％という状況を踏まえると、きわめて低く抑えられていることが理解いただけるのではないでしょうか。

ちなみに、江戸時代における祠堂銭金融（近世では祠堂銭金融のほか「名目金貸付」ともよばれた）の貸出金利を詳細に記録した資料もあります。[36] その資料によると、熊野三山、増上寺、寛永寺、善光寺、遊行寺などの主要寺院をサーベイした結果、個人に貸し出すほかに本山傘下の中小寺院への資金融通も行っていて、その貸出金利の詳細が調査されています。

図表3-3は、鎌倉の妙本寺の記録に基づく祠堂銭金融の実態をまとめた表です。もっとも高い金利は12％で全体の過半を占めており、その次に構成比が高いのが最低金利

36　北村（1987）によれば、他の寺院への融通には不動産を担保とするものも存在していた。また、期間は、1年から7年前後とばらつきがあり、滞納督促については、①相対、②奉行所出訴の順。困窮した債務者にも厳しい取り立てがあった模様である。

図表3-3　妙本寺（比企谷）の記録に基づく金融事業

年利	貸付（両）	構成比	うち寺院	うち個人	総口数
12.00%	126.0	68%	126.0	143.0	74
10.00%	5.0	3%	5.0	25.3	9
7.50%	8.0	4%	8.0	22.0	3
6.00%	15.2	8%	15.2	0.0	2
5.00%	31.1	17%	31.1	11.0	4
合計	185.3	100%	185.3	201.3	92

注：寺院向けは末寺向け、個人は地元庶民など
出所：北村（1987）「天保十四卯十一月　利足取立之控」に基づき筆者

である5％となっています。鎌倉・室町時代との単純比較はできませんが、こちらも当時としては非常に低金利であったようです。

仏教金融の本質

では、祠堂銭金融など仏教金融の本質的な目的はなんだったのでしょう。そこには、宗教観からの目的と、経済的な目的があります。

宗教観からの目的としては、祠堂銭そのものが浄財（清らかな心に基づく神聖な寄付）であり、浄財を使うからには衆生救済を目的としたものでなければならないということです。さらに、寺院を通じての相互扶助が底流にあります。

経済的な目的としては、供養の永続的な維持があります。檀家が寺院に対して祠堂銭を寄進する場合には、祠堂銭から生じるはずの「利息」を毎年の供養料に充当してもらうことを前提としたものが多かったのです。

このため、祠堂銭の経済的な性格としては、永久に負担しなければならない年間の供養料に充当してもらうための「未来永劫供養ファンド」という位置づけにあったのです。たとえは悪いかもしれないが、国鉄が民営化したときの「経営安定化基金」のように、公共的使命をはたすための赤字を穴埋めするための運用益を生み出すファンドのようなものと考えるとわかりやすいかもしれません。つまり、祠堂銭金融の目的は「供養の持続可能性」なのです。

この持続可能性を高めるためには、ファンドの目減りを防がなければなりません。ファンドから貸し出して貸し倒れが発生すると、ファンドは目減りしてしまいます。

貸し倒れによる元本毀損リスクを排除するためには、いくつかの手段が考えられます。

1つは、返済不能リスクの低い借り手を対象とすることです。この視点では、困窮者の救済という目的と必ずしも整合的とはいえませんが、低リスクの借り手であれば低利率となったとしても頷けます。

もう1つの方法は、緩衝材として外部金融業者を活用することです。信用にかんする情報生産機能の高い金融業者であった土倉に運用委託したことが、これに当てはまります。この方法は、「悪徳高利貸しと寺院が手を組んだ」と断ずることはできません。

第一に、審査が難しい、情報の非対称性が大きい状況においては、借り手を過度に保守的に選別することとなるため、本来であれば返済能力がある借入候補先も「オーバーキル」してしまうことになるからです。この点は、審査を外部委託することで、本来であれば貸してもよい借り手を貸出対象から排除してしまうリスクを抑制できます。

第二に、信用力の高い金融業者であれば、その先にある借入人が支払い不能となっても、そのリスクは委託先の金融業者が吸収し、損失は寺院まで波及しません。信用力の高い金融業者であれば、寺院が金融業者から受け取る金利が低くなるのは当然です。

図表3-4　我が国の仏教金融の概念図

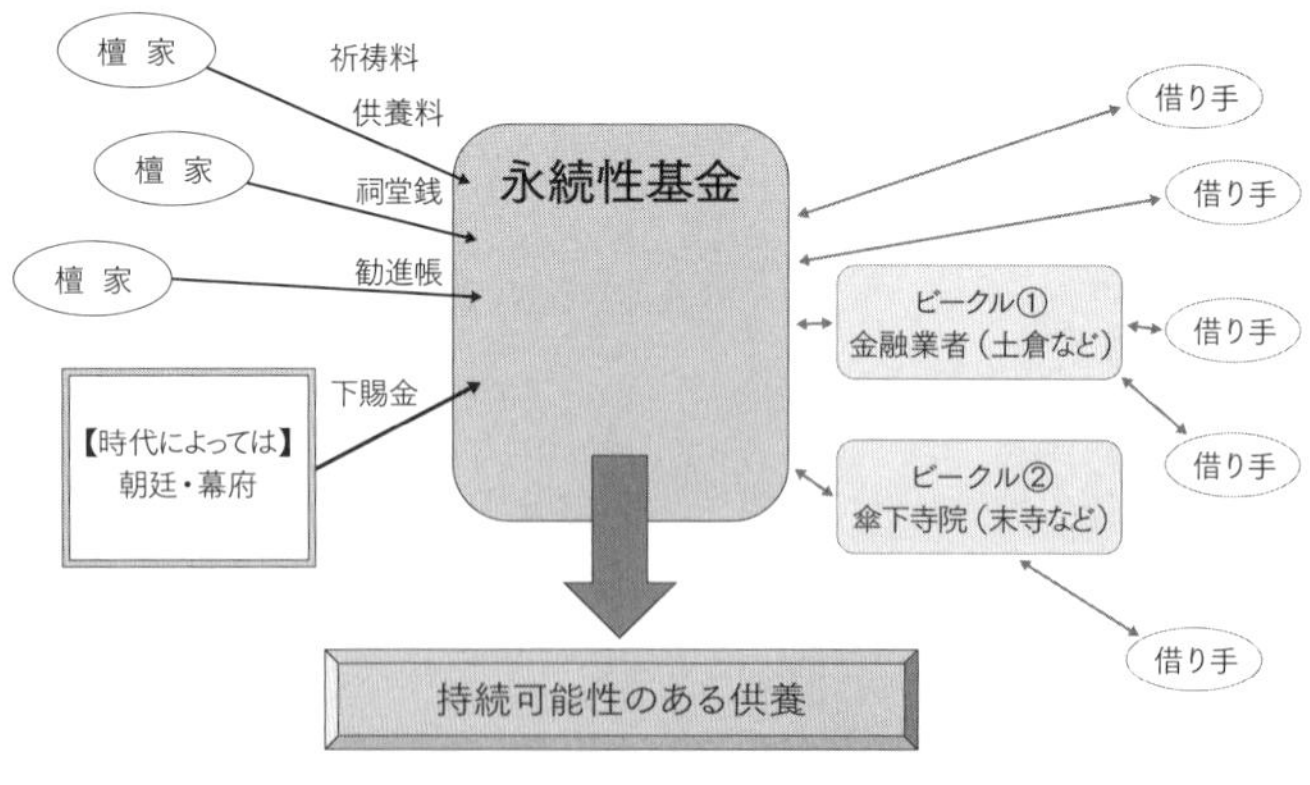

出所：筆者

仏教金融からのヒント

以上を踏まえて、仏教と金融の関係について総括します。そのうえで、祠堂銭金融などの仏教金融からくみ取れる「持続可能性」に向けてのヒントを見つけてみたいと思います。

仏教と金融とのかかわりあいは次の4項目に集約化できるのではないかと思います。

① 他宗教のような利息禁止の戒律などはなく、寺院そのものが信教の護持のための手段として無尽、祠堂銭金融、名目金貸付などの貸出取引が行われた。

② 寺院による貸出の目的は、衆生救済という宗教的意味あいもあったが、それ以上に寺院運営の維持のための基金運用の色彩が濃かった。寺院保護の観点から徳政免除などの地位を朝廷・幕府から与えられていた。

③ 基金の維持による持続可能性確保が主たる目的となるため、低リスク・低リターンによる運用に特化した。

④ 他の金融業者への運用委託をすることで、信用リスクにかんする情報の非対称性の削減とリスクヘッジの2つの機能を当該金融業者に委ねることができた。

これらを踏まえると、「仏教金融が利益追求ではなく供養の持続可能性を高めることが目的であることに鑑み、低利回りの運用が安定性、持続可能性に寄与する」ということがわかります。

(2) 地域通貨という発想

腐るカネ

「パンドラの箱」という表現で金融がもたらす不安を述べましたが、その1つが格差拡大による持続可能性の崩壊であり、もう1つが経済からの金融の遊離でした。金融の機能を、持続可能性を高めることに活かした例にかんしては祠堂銭金融で述べましたが、ここでは経済と金融の乖離を防ぐ方策について興味深い試みを紹介しましょう。

経済と離れて金融が増殖する可能性について、「モノは腐るがカネは腐らない」という表現を使いました。金の対価のモノは劣化するのに金の価値が劣化しないところに不均衡が生じるという、ミヒャエル・エンデの主張も同じ懸念が背景にあります。エンデが提唱したのは「地域通貨」といわれる貨幣で、これこそが「腐るカネ」です。

時限式の「スタンプ貨幣」

エンデはドイツ人実業家のシルビオ・ゲゼルの影響を受けています。ゲゼルは、あらゆるものが減価するのに貨幣だけが減価しない不自然さと、これにより正当化される金利の存在を指摘しました。このために金融資産を保有する人々が、金融収益でのんびり暮らす状況を非難しています。この指摘は、それに連なる格差を指摘したピケティのものと重なります。

そこで、ゲゼルが「スタンプ貨幣」という仕組みを考案しました。スタンプ貨幣とは、紙幣に一定額の金額を示すスタンプを金額に応じて貼るものです。1万円であれば100円スタンプを10枚貼るような要領です。そして、それぞれのスタンプの有効期限が五月雨式に来ることになります。このため、一定期間内にすべて使いきらないとそのスタンプ分の貨幣的な価値は失われます。

これが「減価するお金」です。このような貨幣は国が管理するものではない一定地域内での流通を想定しているため、地域通貨や自由通貨とよばれています。そして、こうした地域通貨の制度的な枠組みを一般的にＬＥＴＳ（地域交換取引制度）[37]といいます。しかし、時間の経過とともに減価していくという性格を踏まえれば、「時間通貨」とよぶほうがしっくりくると思います。

オーストリアでの地域通貨実験

１９３０年代に、不況にあえぐオーストリアのヴェルグル地区で、その土地でのみ流通する地域通貨が発行されました。その地域通貨の特徴は、その通貨の価値が時間の経過とともに減少することです。まさに、エンデの「減価するお金」です。

この地域では、現行の貨幣と併用して地域独自で決めた地域通貨を利用します。この地域通貨は、貨幣のようなペーパーは発行されず、取引記録を残す台帳のみが存在します。まさに、80年前のビットコインです。

台帳を管理する事務局では、誰がどういったサービスを提供できるか、誰が何を欲しているかを登録します。登録された内容は地域内で公開され、当事者間で取引条件を決めます。商品やサービスを受けた人は自分の勘定が減っていき、提供した人は増えていきます。実際は、60種類以上のサービスがあり、介護からクリーニングにいたるサービスがリストアップされていたようです。

この勘定は使わないまま保有し続けると、価値が日々、目減りしていくことになります。このため、人々は競ってこの地域通貨勘定を使うようになったというのです。それが、地域経済活性化につながったということですから驚きです。

これは、マイナス金利に類似した発想です。マイナス金利では、預金者や貸し手がその相手方に利息を払うのですが、減価する地域通貨の場合（減価する部分をマイナスの利息と置き換えれば）、暗黙のうちに利息を通貨の発行元に支払うかたちとなります。

37　Local Exchange Trading Scheme

日本でも地域通貨の試みはあるが……

日本でも地域活性化のために、時間通貨としての性格を有した地域通貨が発行されています。その数は数百例におよびます。千葉市のゆりの木商店街で導入された「ピーナッツ」という地域通貨もその一例です。仕組みはオーストリアのものと大枠は変わらず、「大福帳」という商店街事務局の総勘定台帳と個人の大福帳をつけあわせながら、プラスマイナスしていくかたちです。

しかし、残念ながら日本全国に目を転じると、いまひとつ盛り上がりには欠けるようです。それは、ヴェルグルの例では、失業者に職を与える対価として「減価するお金」をわたしたため、失業者であふれた同地域では一気に利用・流通が進んだのですが、日本の例では、自ら進んで政府が管理する減価を減価する不利なお金と交換するような制度設計であることも原因かと思われます。

発想として活用できるか？

現状から、地域通貨中心への社会へと転換するのは困難です。もしそれが可能なら、金融資産の退蔵による格差の拡大など消えますし、消費を先送りすることでのデフレスパイラルからも脱却できるでしょう。さらには、地域内での経済活動が中心となるため、地産地消となって地球環境にも優しいサイクルが望めます。

では、なんとかこの発想を私たちの持続可能性に活かすことはできないものでしょうか。おそらく、これを突き詰めていくと、ピケティが提唱する金融資産課税に行き着くのではないかと思います。金融資産を保有することによって、毎年その一部が税金として国に接収されることで減価していく——。

しかし、一国でこれを行うことは難しいでしょう。グローバル規模で同時に行うのであればいいのですが、一部の人々は金融資産をもってこうした税制を敷かない国に逃げていくことになるでしょうし、それを受け止めたい国も出てくるでしょうから。

マイナス金利政策も、持続可能性への可能性の1つです。マイナス金利が、じわじわとさまざまな金融資産の収益率を低下させることで、金融資産の膨張による格差拡大には一定の歯止めがかかると思います。

ここで重要なポイントは、マイナス金利という絶対値の議論ではありません。経済が成長する速度と金利が足並みをそろえれば、金融と経済の遊離は防げます。また、金融資産を保有していることの絶対的な優位性も薄まります。

したがって、ここから示唆されるのは、経済成長に合わせた金融政策とその他年金などの社会保障政策です。経済が成熟化してマイナス成長となる、あるいは地球環境の持続可能性からマイナス成長を甘受する、そうなれば、マイナス金利は当を得た政策になります。

5　金融は経済・社会を変えるほどパワフル

（1）　金融こそが経済を動かす

金融が経済活動のエネルギーを供給

古代社会にしても、商業が台頭した中世ヨーロッパにしても、宗教上の教義や社会的な規範をある程度曲げてでも、金融取引を求めていたことは明確でした。

貨幣制度にしても、それ以上に重要な金利をともなう資金の融通にしても、経済活動を円滑に行っていくばかりでなく、困窮者の救済的な要素も含めて、金融は人類が一定以上の経済規模となったときには必要不可欠になります。

ましてや現在のような経済の大きさになってしまうと、いくら金融に対する嫌悪感を募らせたところで、金融なしには経済が成立しません。

しかし一方で、私たちの先達が懸念したように、金融は持てる者と持たざる者の格差を一層拡大する作用があり、また、金融は経済から独立して自己増殖する傾向も現代にあっては多くの人が見てきたことだと思います。

つまり、金融は私たちの生活から切り離すことができない、それほど不可欠な存在なのです。金融には、生産や商品の流通に必要なエネルギーを提供する機能があるからです。十分な資金を貯蓄する前から、マイホームを買ってそこに居住できるのも、金融のエネルギー供給があってからこそできることなのです。

金融は経済を「規律付け」する

経済活動に資金を供給する主体は、間接金融であれば銀行であり、直接金融であれば投資家です。銀行も投資家も、大切な資金を供給するわけですから、その資金供給相手に対しては厳しい審査や調査、そして投融資後のモニタリングをします。

銀行などの貸出を行う当事者や、社債などの投資家であれば、元本と利息が期日に確実に返済されるように、安全性に軸足を置いた視点から、借り手、あるいは社債発行体をモニタリングします。一方で、株式を購入する投資家は、企業価値が向上するように発行会社を監視し、株主として株主総会などで議決権を行使します。

資金を調達する企業や個人からしてみれば、ある程度資金の出し手の要望や利益にそった行動をしなければ、将来的に安定的な資金調達をすることが難しくなります。このため、資金調達を行う主体は、資金の出し手のチェックや注文を気にしながら経営に取り組むこととなります。これが、金融による経済主体への「規律付け」といいます。

ニッポン株式会社も資金調達源の変化で変わった

この金融による経済に対する規律付けは、言葉以上に大きなインパクトがあります。日本経済や社会構造も、過去20年間にわたる金融取引の変化によって大きく変革を遂げました。

つまり、経済や社会を変えようとするなら、金融からのはたらきかけなしには大胆な構造変化は望めないのです。このため、本章では、しっかりと金融の重要性と経済に与える影響を認識したうえで、次章以降の金融をテコとする持続可能な社会への構造変化へとつなげていきましょう。

ここでは、よりわかりやすい例として、日本の構造変化の流れを示したいと思います。

（2）　日本を変えた金融の力～変革前夜

「負債型資本主義」ニッポン

銀行が企業との間に築いた、信頼関係に立脚したメインバンクシステム、そしてそこから連なる安定的資金供給と株式持ち合いの協力関係、これらが、日本が産業競争力を高めることができた一端をなしてきたことは疑う余地がないと思います。

多少の財務的な、あるいはそのほかの経営上のピンチを迎えても、メインバンクはしっかりと資金の安定供給を続けるとともに、人的資源の投入によるバックアップも排除しない盤石なサポートをしてくれました。それゆえ、企業は金融にかんする余計なことを気にせずに安心して本業に磨きをかけることができたのです。

取引先企業のコーポレートガバナンスを担うのも、メインバンクの重要な役割であり、危機か平常時かにかかわらず、必要に応じて銀行から経営陣を派遣することも少なくありませんでした。これは、持ち合い株式を通じた株主権行使に起因するものではなく、企業の資金調達の命運を握る銀行借入から派生するものです。

これが、私が「負債型資本主義[38]」と名づけるゆえんです。

「ジャパンアズナンバーワン」の時代

明治政府による殖産興業政策のファイナンスとして、全国的に設立が相次いだ国立銀行や、現在の郵便貯金などを受け皿とした貯蓄の奨励などもあり、預金取扱金融機関が国民的にもっとも親和性のある金融機関となりました。

戦後の、1955年体制以降の高度経済成長をはたした後、日本企業はさらに目覚ましい活躍をしました。その象徴が、1980年代にハーバード大学のエズラ・ヴォーゲルが著した『ジャパンアズナンバーワン』です。世界は、日本独自の金融システムを日本企業の競争力を支える重要な要素として注目していました。


たとえば、アメリカ企業の短期志向については、伝統的に短期的な成果を問う株主からの圧力があり、これがアメリカ企業の長期戦略を困難とする反省の声があります。他方で、日本企業は、株式持ち合いで「モノを言う」株主からの圧力をガードしながら、メインバンクからの手厚いサポートのもとで、財務より本業に専念ができるとのです。

しかし、バブル崩壊を曲がり角として、勝ち組だった日本モデルが負け組に転じます。明確なきっかけは、バブル崩壊ではなく金融危機です。金融危機は、日本的な金融モデルを、賞賛から批判の対象に変えたのです。

38　野崎浩成（2008）『銀行』より。

日本型の金融システムが露呈した矛盾

とくに、「間接金融に偏った金融システムは安定性を揺るがしかねない」という認識が共有化されたのは、金融危機後の「信用リスクの集中」でした。この背景には3つの大きな要因があるものと思われます。

第一に、金融システムの特異性です。

日本の個人金融資産の構成は、アメリカとくらべ、株式などや債券・投信が非常に少なく、現金・預金が格段に多いことがよく知られています。図表3-5は個人金融資産の日米比較を行ったものですが、現預金の保有割合について、アメリカがわずか14%であるのに対し、日本は53%と過半を占めているのが

図表3-5　日本とアメリカの金融構造の違い（個人金融資産）（2015年12月末）

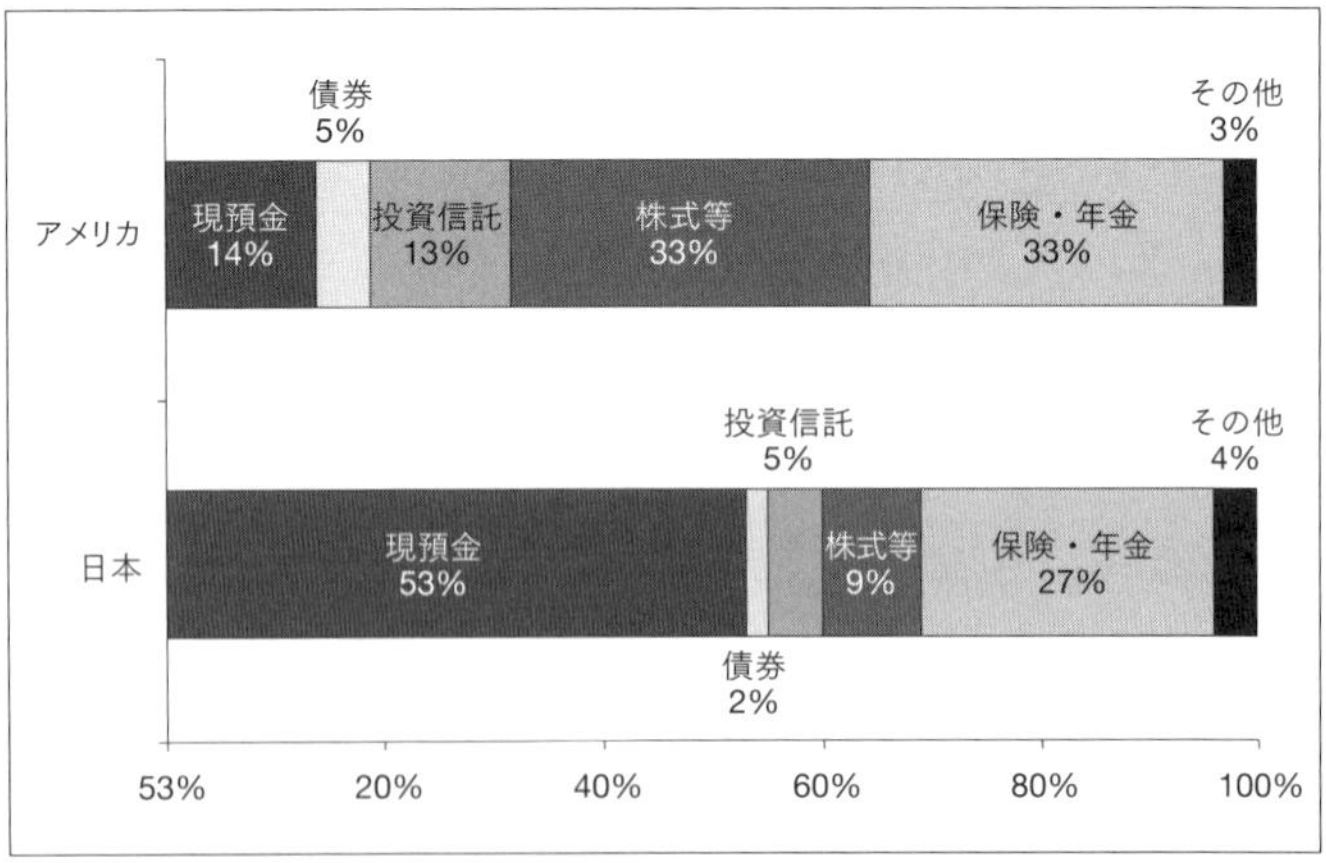

出所：日本銀行統計データに基づき筆者

あらためて確認できます。保険・年金の割合については、両者の間に顕著な差はないものの、投資性商品と低リスク資産の占有率に両国の特徴がよく表れています。

これは、銀行というパイプを通さないと、資金の余剰部門である家計から、不足部門である企業にお金が回らないということで、日本がかかえる金融システムの特徴でもあり、問題でもあります。この金融機関の業態別存在感については、図表3-6で示される資産規模の比較でもはっきりと表れています。

未成熟な資本市場という、株式や社債による「直接金融」による資金調達が困難な状況のもと、高度経済成長をはたすうえで1つの原動力なったのが、メインバンクシステムを中心とした産業金融モデルでした。元来、銀

図表3-6　日本とアメリカの金融構造の違い（金融機関の資産規模）

（2015年12月末）

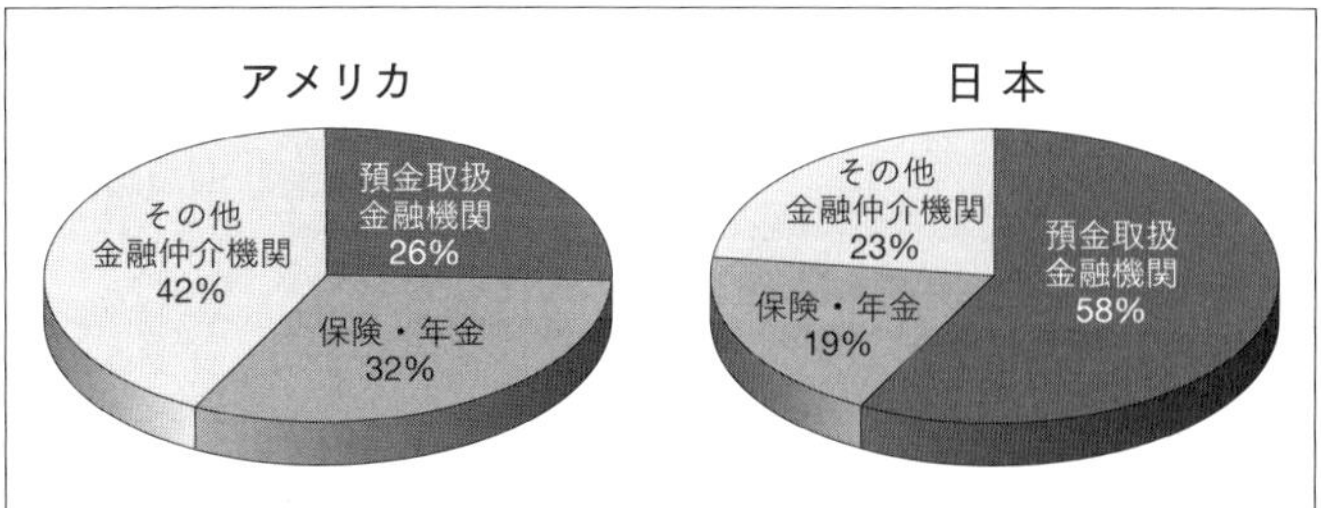

出所：日本銀行統計データに基づき筆者

行へは強力な規制の網をかぶせ、システム保全を図る必要があります。その一方で、貯蓄を促進し、吸収した資金を銀行を通じて産業界へ還流することで、低い資本コストと安定的資金確保を実現する金融のかたちが、「日本型経営」成功の必須要件を構成していました。
しかし、経済成熟化へ局面が移行していくなかで金融危機と産業効率性低下の元凶ともなってしまったのです。

資金融通のパイプ役をはたしてきた銀行が、結果として産業リスクを一手に担うかたちとなり、産業構造変化の過程で淘汰される企業のコストを、市場ではなく銀行が負担することとなったのが、1997年から2003年にかけて断続的に発生した金融危機です。また、産業サイドも、資本主義ではなく銀行が統治者となる「負債型資本主義」型の企業統治に委ねられる傾向が強まりました。非効率企業の市場からの退出を、市場が決めるのではなくメインバンクが実質的な鍵を握ることとなり、市場規律が産業効率化につながらない構造問題をかかえるにいたったのです。

第二の要因が、メインバンクの責任の問題です。

メインバンク制が日本の経済発展の一翼を担ってきたのはたしかなのですが、負債型資本主義は、メインバンクが企業統治の責任を取る色彩が濃厚でした。とくに中堅企業から大企業にかけては、メインバンクは取引先企業の経営陣との厚い信頼関係のもとで、非公開情報の開示をはじめ経営上の悩みの相談にも深く関与してきました。

ひとたび経営上の問題が発生すれば、メインバンクからは主要役員が当該企業に派遣され、経営立て直しに奔走することも少なからずあります。また、そのように企業の経営状態が悪化したときには、メインバンク以外の銀行がリスクを感じて貸出を引きあげてしまいます。その肩代わりを行うのがメインバンクです。

第三の要因は、大手銀行の再編です。

金融危機の局面では、コスト削減、経営基盤の強化、そ

図表3-7　我が国の預金取扱金融機関の再編の遷移

	1980	1990	2000	2014	(グループ数)
大手銀行	23	23	19	10	7
地方銀行	63	64	64	64	61
第二地方銀行	71	68	54	41	36
信用金庫	462	454	386	267	267
信用組合	483	414	265	154	154
合計	1,102	1,023	788	536	525

出所：預金保険機構統計に基づき筆者

して当局からの明示的、あるいは暗示的な圧力などにより、有力銀行が次々に経営統合を決めました。経営統合は、規模の経済と範囲の経済などのメリットをもたらす一方で、リスク管理上の問題をもたらしたのです。

一般に、企業がお金を借りる場合、1つの銀行から必要な資金を全額借り入れているケースはレアです。経営規模が大きい企業となると、すべての大手銀行から借入を行うケースも少なくありません。しかし、複数の大手銀行が合併を繰り返すごとに、同一企業への重複した貸出がふくらみ、結果的にはとくに大企業向け貸出で「与信の集中」を来す結果となりました。つまり、数の少なくなった銀行が、同一の債務者に対して、多額のお金を貸さざるをえないという状況になったのです。

これが信用リスクの集中という、商業銀行にとってはリスク管理上の最大の問題をもたらすこととなりました。

(3) 日本を変えた金融の力～欧米型ガバナンスへの転換

市場への軸足のシフト

そこで政策的に必要と認識されたのが、信用リスクの集中を産業金融モデルから市場金融モデルへ、あるいは市場・産業金融並存モデルへの移行により解消していくということです。もともとは、この構造的問題については、2002年に金融庁の懇談会から出された「金融システムと行政の将来ビジョン」報告のなかでも認識され、これが「貯蓄から投資へ」と謳《うた》った2005年にスタートした「金融改革プログラム」の眼目としても位置づけられました。銀行や郵便貯金を導管として、産業界に資金を供給するメカニズムを軌道修正し、より資本市場の役割を拡大させていこうというものです。

政府は、個人マネーが銀行を通さずに直接金融市場に向かう流れを、規制緩和などにより推進することを目指していきました。なかでも、銀行は金融機関のなかでももっとも消費者の信用と親和性が厚い機関であり、個人金融資産の過半を占める預貯金を、投資へ向かわせる主導的役割を担うことが期待されました。

事実、1998年に銀行での窓口販売（窓販）が解禁された投資信託は、7年足らずで、投信販売で証券会社を凌駕するまでになったのです。2004年以降は、株式・外債・仕組み債（デリバティブ付債券）などの証券会社があつかう商品を銀行が仲介する「証券仲介業」が解禁され、ほぼすべての金融商品を銀行で入手できる「ワンストップショッピング」が可能な制度的手当が整いました。

「持ち合い」解消

これと並行して、銀行の危機を演出した持ち合い株式について、監督当局は徹底した圧縮の方針を打ち出しました。銀行は多くの取引先企業の大株主となっています。このため、銀行が保有する株式の総額は、銀行の財務上無視できない状況となっていたのです。

事実、１９９７年から２００３年までに断続的に発生した金融危機と、株式市場の暴落によって、銀行は不良債権ばかりでなく、保有する株式から巨額の損失をあびせられることとなったのです。

この状況は、銀行の取引相手の企業も同じです。銀行株価の下落により、銀行株を保有する企業は減損による期間損益の圧迫や、含み損による自己資本の目減りの被害を受けました。

金融庁は、銀行の株式保有に対して厳しい制限を設けたほか、銀行の保有株式売却ニーズにともなって、一般企業も株式の保有を圧縮していく傾向が鮮明となりました。

株主によるガバナンス

政府の投資をうながすスローガンにもかかわらず、いまだに個人金融資産の構造改革は進展しているとはいえません。しかし、金融危機以降において加速した銀行と企業との間の持ち合い株式の売却（通称「解けあい」）、そして銀行借入から社債などの直接金融への資金調達手段の多様化、さらには、企業の財務体質改善によるフリーキャッシュフローの内部蓄積により、企業の銀行離れは加速しました。

これと並行して、株式保有が、銀行から外国人を中心とする機関投資家へと変容していったのです。かくして、メインバンク中心の企業ガバナンスから、欧米型の株主によるガバナンス構造へと「正常化」していきました。

株式の相互保有は、株式の経済的、法的目的から考えれば不健全きわまりないことはたしかです。しかし、そうした株式保有構造が溶解していく過程で、株式の受け皿が我が国の個人ではなく、外国人になったのは、市場改革を進めた政府の狙いとは異なる点であったに違いありません。

この株式保有構造の変化は、その後のガバナンス改革へのドライバーとなりました。さらに、企業経営が、株主以外のステークホルダー——従業員や社会——との長期的つながりの太さよりも、株主をかなり意識した経営へと舵をきらせることになりました。これが、日本型経営から、利益重視の欧米型経営への転換のきっかけをつくったのです。

（4）株式資本主義へ傾注する日本

戸惑いの株主至上主義

残念ながら、日本では、個人が資金供給を直接担うかたちでの株式資本主義は、現在にいたっても実現はしていません。しかし、企業間の株式相互保有が、銀行を中心に解消されてきたことで、日本企業の統治システムは、外国人をはじめとする機関投資家による株式資本主義へと変容を見せました。

法的性格上、株式会社は、株式をメディアとして、出資者と経営者との間の実質的な契

図表3-8 我が国における金融自由化と欧米化の歴史

	規制環境	金融の欧米化、直接金融市場化への流れ
1983	（米国で預金金利自由化完了）	
1984	日米円ドル委員会（金融自由化・国際化）、先物実需原則撤廃	
1985	国債等ディーリング解禁	「2つのコクサイ化（国際化と国債化）」により銀行の証券業務・国際業務参入
1986	東京オフショア市場開設（ユーロ円等による融資弾力化）	企業金融における金利の市場化
1988	バーゼル合意（自己資本比率の国際統一基準化への合意）	
1989	適債基準緩和（事業会社等の社債発行）	資本市場への銀行ビジネスの拡大
1991	金融制度調査会（保険・証券・銀行の相互参入を方向づけ）	業際規制緩和による金融市場活性化への取り組み
1992	銀行・証券の子会社を通じた相互参入にかかわる法改正	業態別子会社を通じた銀行による証券業界への参入
1993	バーゼル規制導入	
1994	預金金利自由化の完了	
1995	証券子会社設立	銀行グループの証券業務拡大
1996	金融ビッグバン構想	「フェア」「フリー」「グローバル」を標榜し、実質的欧米路線を加速
1997	金融持ち株会社解禁	グループ総合力を充実させた金融コングロマリット化
1998	投資信託の銀行窓口販売解禁	「貯蓄から投資へ」の流れを進める金融商品販売の拡充
1999	銀行による社債発行解禁	銀行本体による資本市場活用の弾力化
2001	保険商品（住宅関連の火災保険など一部商品）の銀行窓販	ワンストップショップ化へ
2004	証券仲介（外債・株式等の銀行窓口での仲介）解禁	証券子会社の活用など銀行グループ機能の向上
2007	保険商品の銀行窓販の全面解禁	個人向け金融商品販売のフルライン化

出所：野崎（2015）『トップアナリストがナビする金融のしくみと理論』に基づき筆者

約関係に基づき運営されるものとして設計されており、日本でも、株主が企業経営に対して実効性の高いモニタリングを利かせること自体はきわめて健全です。

しかし、こうした所有構造の変化が進んでも、「会社は誰のものか」という問いは、資本主義経済圏ではいつの時代においても提起される疑問です。こうした契約関係に基づき、「会社は株主のものである」という答えに対しては、大なり小なり違和感をもつ経営者は日本においては少なくないものと思われます。

このような違和感は、市場原理に多くの解決を委ねるアメリカをはじめとするアングロサクソン文化圏にくらべ、我が国においてより多く得られる反応ではないでしょうか。

この彼我の差異は、必ずしもアメリカ型資本主義に浸かった経験の問題ではなく、さまざまな要因が背景にあるものと思われます。これは、日本的な負債型資本主義に慣れ親しんだ日本企業の経営者の特性によるものとも思えますが、次章で述べるような日本人の精神風土にも影響されているものと私は考えます。

さて、会社の統治システムに戻りましょう。

たしかに株式会社制度において、会社の設立から重要な運営上の決定、さらには解散にいたるまで、株主が持ち分比例的に決定に関与する権利が、日本を含む自由主義国家において法的に担保されています。その意味では、会社はほぼ株主のものであるといってもよいと思います。

しかし、上場会社のように株式が流動的な状況の場合、利那々の株主の利害関係が、その保有期間以外の株主の利害関係と一致しない場合が想定されます。所与の期間に経営を委嘱された経営者は、当然その時期の株主の利益にそった経営を期待されるのであるのですが、ごく短期間での保有を前提とした株主の言うとおりに動くことが、その会社にとって適切な行動といえるのでしょうか?

私は外資系証券会社に約15年間在籍してきましたので、アメリカ流の考え方も理解できますし、その前の15年間近くを日本の銀行ですごしてきたので、刹那的な株主の要請に答えることの不自然さもよく理解できます。

アナリストのジレンマ

私が銀行業界を担当するアナリストだった時代に、投資家に対する投資魅力の向上のために、積極的な資本政策を銀行経営陣に対して勧奨するようなメッセージを、アナリストレポートや個別ミーティングなどを通じて送ったことが少なからずありました。

具体的には、配当水準の継続的な引き上げと自社株買いです。新興国の銀行は別として、経済が成熟化した国にビジネスのよりどころをもつ銀行にとって、持続的利益成長は難しいテーマです。このため、利益成長を急ぐばかりに「割高な」企業買収を行い拙速な成長戦略を描くことが、多くの投資家がかかえる懸念でした。

むやみなM&Aによる資本の消費よりは、株主還元を配当や自社株買いにより行うことが、投資家への安心材料となると私は考えていました。こうした株主還元を意識した資本政策を行えば、株主からの経営者に対する信認は厚くなり、結果としてエージェンシーコストも低下させることができるものと考えられます。[39] 資本コストが低下するということは、株価が上がるということです。

しかし、ある銀行経営者からの疑問は、「自社株買いは（少なくとも）需給への影響を通じて株価にプラスにはたらくが、それは短期的な保有による投資収益を極大化する投資家にとってはよろこばしくても、長期投資の投資家にとっては一過性の出来事にすぎないのではないか」というものでした。私からの答えも、「そのとおりであることは否定できない。ただ、長期的に株主の信頼度が上昇する」という程度のものであった記憶があります。

株主は、1時間しか保有しない投資家も、100年間かかえ続ける投資家も、（たまたま）株主総会などにおける議決権行使などの経済的利益の法的行使のタイミングに出あわすこととなれば、1票は1票です。自社株買いの実施により株価が上昇するのを見届けて、即座に売り抜ける株主も、議決権確定のタイミングで株式を保有している限りは、長期保有の株主と同等の議決権の重みを有することとなります。

ごく短期間の保有しかしない投資家のために、資本政策の判断をどの程度割くべきか――「持ち分という1次元」ではなく「期間という2次元」の問題もここで提起されます。つまり、通常は現在の株主のみに着眼した株主政策になりますが、「時間軸」を加えて将来の株主にも配慮した、より網羅的な株主政策を考えるべきではないかということです。

39　野崎（2015）『トップアナリストがナビする金融のしくみと理論』では資本コストの分析について、エージェンシーコストを含めて定量的に行っている。

株主との利害関係一致によるハイリスク・ハイリターン

原理的に考えれば、株主が資金を出さなければ会社組織が成立しないわけですから、株主の利益を重視するは当然です。しかし、株主の思うに任せないのが企業経営であり、そこでエージェンシー問題が発生します。その解決策として登場したのが、「誘因両立性」（インセンティブ・コンパティブル）な経営者報酬の体系です。

これは、業績がよくなるなどして株価が上がれば、株主はハッピーであり、これと同じ思いを経営者に共有化させれば、株主好みの経営をしてくれるだろうというものです。そのために、株価が上がれば経営者が大儲けするストック・オプションや、業績連動報酬への比重を増すなどの、報酬によるインセンティブ設計を株主と経営者の合意のもとで進めてきました。

結果として、銀行経営者をはじめとする企業経営者は、安全確実なローリスク・ローリターンの資産設計ではなく、ハイリスク・ハイリターン、しかもレバレッジを高めて、うまくいけば儲けが青天井となる経営行動へと誘われました。これが、アメリカ発の世界的金融危機の背景です。[40]

株主の利益を、自らの報酬体系からもくすぐられた経営者が追い求めることがどういう結果を招くか、こと銀行のような公共性の高い業種にとっては自明でましょう。預金保険や政府による暗黙の保護に「フリーライド」する構造です。

したがって、金融機関が株主との利害関係の調整を円滑に行い、株主利益に寄りそった経営を行うと、金融危機に結びつくような経営行動に走る危険性をはらむこととなります。

そうなると、コードによる株主利益への意識の偏重は、企業だけでなく経済・社会の持続可能性を危うくするかもしれません。とくに、金融機関にかんしては、レバレッジがはたらきやすく、経営陣のリスクプロファイルにより、一般企業の数倍、数十倍の規模でリスクを拡大することもありうるのです。したがって、株式会社全体の問題ではあるものの、ことさら銀行など公共性に影響をおよぼしうる金融機関にかんしては、より慎重なステークホルダー間の利害関係の調整と、長期的な視点からの株主との対話が求められます。

40　野﨑（２０１０）「銀行の罪と罰」がインセンティブ構造の詳細を解説。

（5） 経済の血液＝信用を運ぶ血管

間接金融が企業経営にもたらすリスク

金融はあくまで実物経済の裏方で、経済の血液である信用と、それを運び伝える血管の役割をする金融機関は、経済のはたらきを助ける存在にすぎません。

しかし、血管が傷む、目詰まりする、あるいは血液中に毒素や病原菌が入り込むと、経済全体が不調を来すことになるため、正しく健全に機能する重要な社会的使命を帯びています。


金融が経済や社会におよぼす影響は、はかりしれません。

1つの影響経路としては、これまで議論した金融危機などの、直截的かつわかりやすいルートです。貸し渋りによる信用供給機能のマヒや、逆に無節操な信用供給によるバブルの生成と崩壊などは、現象面として観察できるため、金融がもたらす害悪は共通認識を得られやすいものです。

もう1つの影響経路は、金融が資金調達主体である企業に対しておよぼす規律のルートです。こちらは、じんわりと経済の仕組みや社会風土に浸透していくため、時系列的に丹念に観察しなければわかりません。しかし、こちらのほうが社会や経済構造を大幅に変えてしまうパワーをもっています。

既述のとおり、日本のメインバンクシステムは、企業を経営するうえでガバナンスに大きく影響してきました。とくに、その影響度は、企業の経営体力と反比例して大きくなる傾向があります。

このメインバンクシステムにおける銀行からの規律付けは、企業の安易な投資やむやみな事業拡張に対してブレーキを踏むはたらきがあります。銀行にとっては、企業の利益成長も重要だが、より大切なのは信用力の維持であり、貸出回収の可能性にリスクをもたらす企業の経営行動には銀行によりアラームが鳴らされます。

これは、企業の持続可能性や、ひいては社会厚生上の観点からも、適切でかつ健全なガバナンスと位置づけてもよかろうと思います。

しかし一方で、借り手企業が深刻な経営危機に陥った場合、長期的視点から展望される企業の持続可能性が優先順位の下位に追いやられ、資金回収が優先されることもあります。

よく見られる例としては、当該企業が長期的に競争力を確保するために、経営に不可欠な技術や生産能力を、銀行主導で他社へ売却するようなケースがあります。こうした技術などは、高い価値が認められ高い値段で売却できる一方で、売却後においては競争力を失い持続可能性が著しく低下することとなります。

したがって、負債的な視点からのガバナンスに偏りが生じた場合も、金融が企業や社会（たとえば、その生産技術がもたらす雇用機会の海外流出など）にマイナスの影響が出てしまいます。

金融市場が企業・経済・社会を変えていく

このように、債権者的ガバナンスというかたちで、金融が企業経営を規律付けした結果として、長期的な視点から好ましくない影響をおよぼすこともあるのですが、それ以上に広範囲に経済全体、社会全体への影響を行使するのが金融市場からの規律です。

株主の利益は、所有と経営が分離した瞬間に利益成長と整合的になります。もしも、社長が大株主であれば、社長が株主、すなわち自らの利益を損なうような経営を行うことはないはずだからです。もちろん、同族企業のように所有と経営が一致した場合であっても利益成長は重要ですが、成長以上に重要なのは企業の存続可能性です。

遠い将来までコミットしていない株主にとっては、株式保有期間の間だけ利益成長して企業価値をあげてもらうことのみが関心事となります。このため、極端な言い方をすれば、法令を遵守する限りにおいては、企業が儲けてくれさえすれば株主は安心します。

つまり、社会的な悪評が株価に影響しない限りは、環境や雇用など社会全体に対する会社の向きあい方は関心の外なのです。従業員のあつかい方が非人間的な、いわゆるブラック企業についても、その評価により人材確保が難しくなるなどの経済的な問題が発生しない限りは、株主は関心を示さなくてもやっていけます。

したがって、株式市場がもたらす規律付けは、企業経営の効率性をうながし、利益成長のためにあらゆる手段を講じさせる方向にはたらきます。

また、無借金経営などの財務的健全性は、（支払い能力に支障を来さない限りは）株主にとってはむしろマイナス評価となります。キャッシュがだぶついているなら、配当や自社株買いで株主還元せよ。キャッシュが必要なら、借入や社債でファイナンスし、財務レバレッジを増やしてもらったほうがいい……。当然、こうした動きは企業の持続可能性との関係ではトレードオフになります。

さらに1980年代後半以降は、株主と経営者との間に横たわるエージェンシー問題について、一貫して、報酬体系の工夫による解消が進められました。

これが前にも紹介した「誘引両立性」の確保です。ストック・オプションや業績連動給の割合を高め、利益成長へのインセンティブを引き上げることで、経営者が株主と同じ方向を向いて仕事をすることとなります。

このこと自体は、経営者が株主利益に反した行動を取ることにより生ずるエージェンシーコストを減殺することで、社会的コストの低減につながり社会厚生上もプラスとみなされます。

しかし、株主との誘引両立性が過度に高まることになれば、ステークホルダー間のバランスを考えるうえで、株主利益への偏りが高まることとなります。これが、結果として、社会的な負の効果があらゆるところで見られることとなりえます。その、最たる日本での問題が「雇用機会の非正規化」です。

(6) 短期的合理性追求と長期的衰退

世界的な労働分配率低下

近年のOECDの調査結果[41]は、労働分配率の世界的な低下を確認する内容となりました。図表3-9は、主要国の非農業部門の平均労働分配率の遷移を比較したものです。このグラフを見ても、趨勢的に労働分配率が低下しているのは世界共通の現象であること、なかでも日本はこの傾向が際立ってい

41　OECD（2012）"Labour Losing to Capital: What Explains the Declining. Labour Share," OECD Employment Outlook

図表3-9　労働分配率（非農業部門）の推移

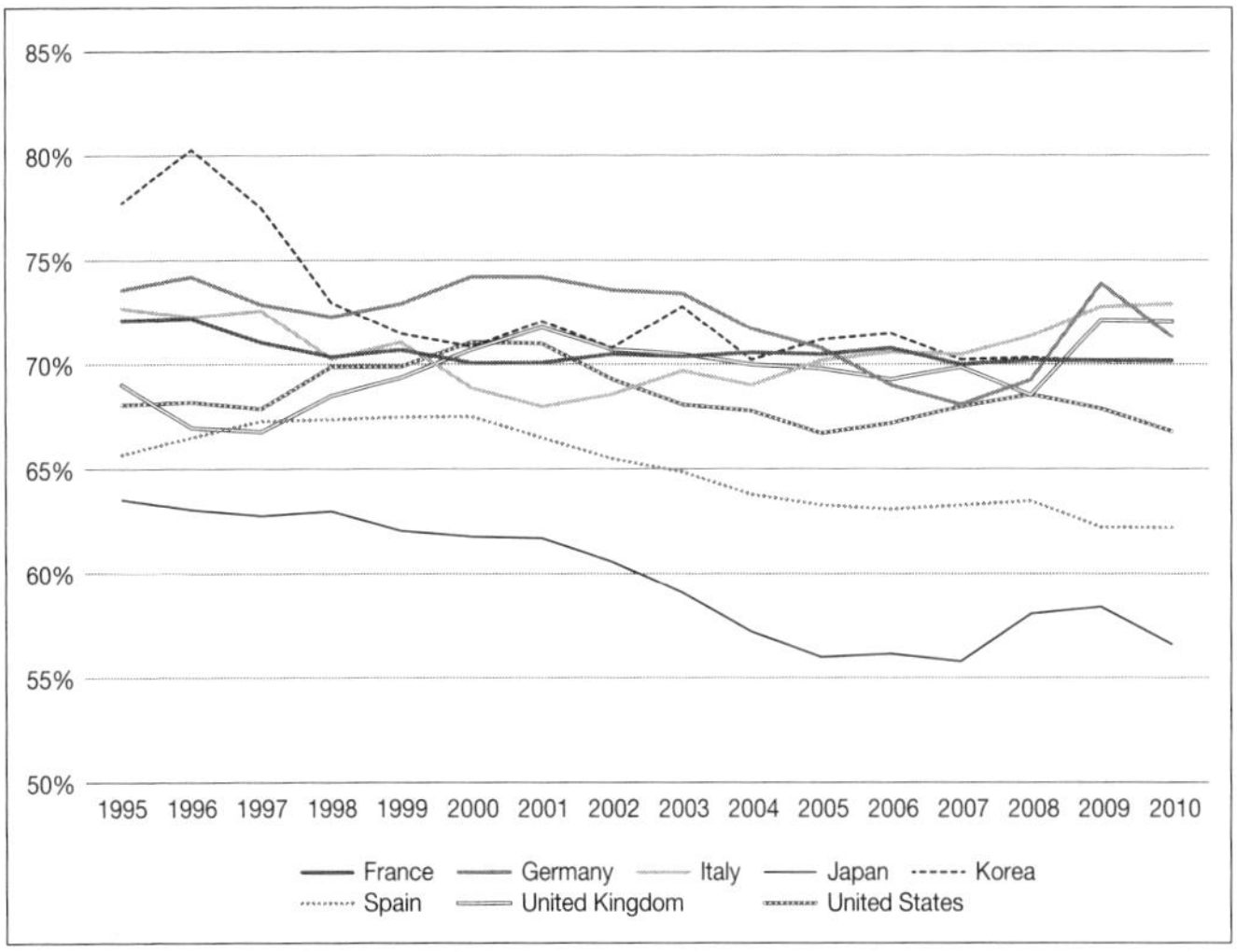

出所：OECD労働統計に基づき筆者

ることが観察できます。

また、ＯＥＣＤの同報告によると、労働分配率低下は先進国ばかりでなく、新興国においても共通して見られることが確認されているのです。

日本の状況を検証する前に、ＯＥＣＤの報告に基づき、労働分配率低下の要因について整理しましょう。労働分配率の低下は、次の４つの要因から説明されます。

①産業構造の変化：第１次産業から、第２次そして第３次産業への全体的な構造変化に加え、経済において生産される付加価値が実物的生産から知的生産へとシフトしてきたこと。労働集約的な生産から、スマートフォンなどに代表されるソフトベースの生産へと構造が軽量化した。

②技術革新：「産業構造の変化」とも関連するが、ＩＴ技術や生産手段のイノベーションにより、定型的業務が機械などに置き換えられ、平均的賃金層がハイスペック（知的）労働とロースペック（機械で代替できない手作業を要する）労働へと二極化した。

③グローバリゼーション：高いレベルの産業製品までもが海外生産されることとなり、新興国における低賃金労働の影響が国内にもたらされた。国内産業は空洞化するか、あるいは海外における低賃金との比較がつねになされ、賃金の低下圧力につながった。

④株式市場からの圧力：利益追求を要求する株主から企業への圧力により、生産コストの抑制、ひいては賃金上昇を抑制する方向へと圧力が働いた。

金融構造の変化が日本の非正規化をうながした

日本においても、株主偏重と、その裏側にある労働分配率低下は議論されてきました。[42] なかでも、内閣府の経済社会総合研究所が発行した調査報告が興味深い分析結果を掲載しています。このサーベイでは、１９９０年代半ば以降の平均労働分配率低下の要因について、生産性上昇が見られる一方で、労働賃金低下が主因との分析に基づき、上場企業のパネルデータを用いてさらにその内容について調査しています。

42　例としては、中野（２００８）、野田・阿部（２０１１）など。

その結果、明らかとなったのが、次の2つの項目です。

①銀行など金融機関と密接な関係を維持する旧来型の日本型ガバナンスがなされている企業では相対的に賃金が高く維持されている。

②株主構成のなかでも外国人株主が高い企業ほど賃金抑制ないし減少の傾向がある。

つまり、株式保有構造が労働分配率に影響していることが間接的に証明されたのです。また、労働分配率の主因である賃金低下は、雇用形態のなかで非正規雇用の比率の高まりとともに進んできたことも確認されています。

図表3-10は、我が国における非正規雇用比率の遷移ですが、2008~2009年に一度は落ち着いたものの、再び上昇へと転じました。

図表3-10と図表3-11を見くらべてください。日本企業の株主構成のうち、外国人株主の割合が増加傾向にあるということは、持ち合いの「仲良し」株主ではなく、「モノ言う」株主が増えたことを意味しています。これと呼応するように、非正規雇用の比率が上昇し

図表3-10　非正規雇用比率の推移

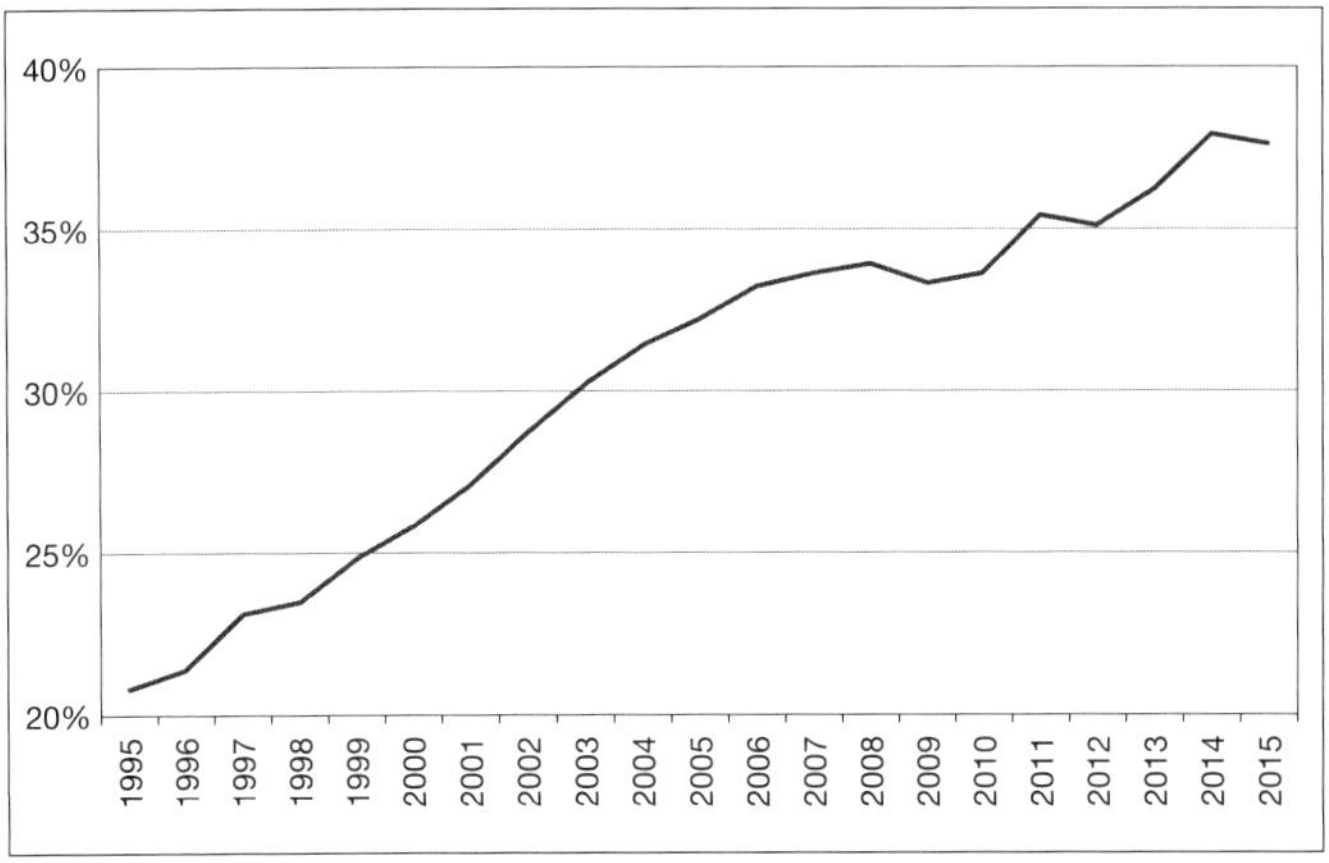

注：非農林水産業雇用者、各年暦年第1四半期の平均値
出所：総務省労働力統計に基づき筆者

図表3-11　外国人株主比率の推移

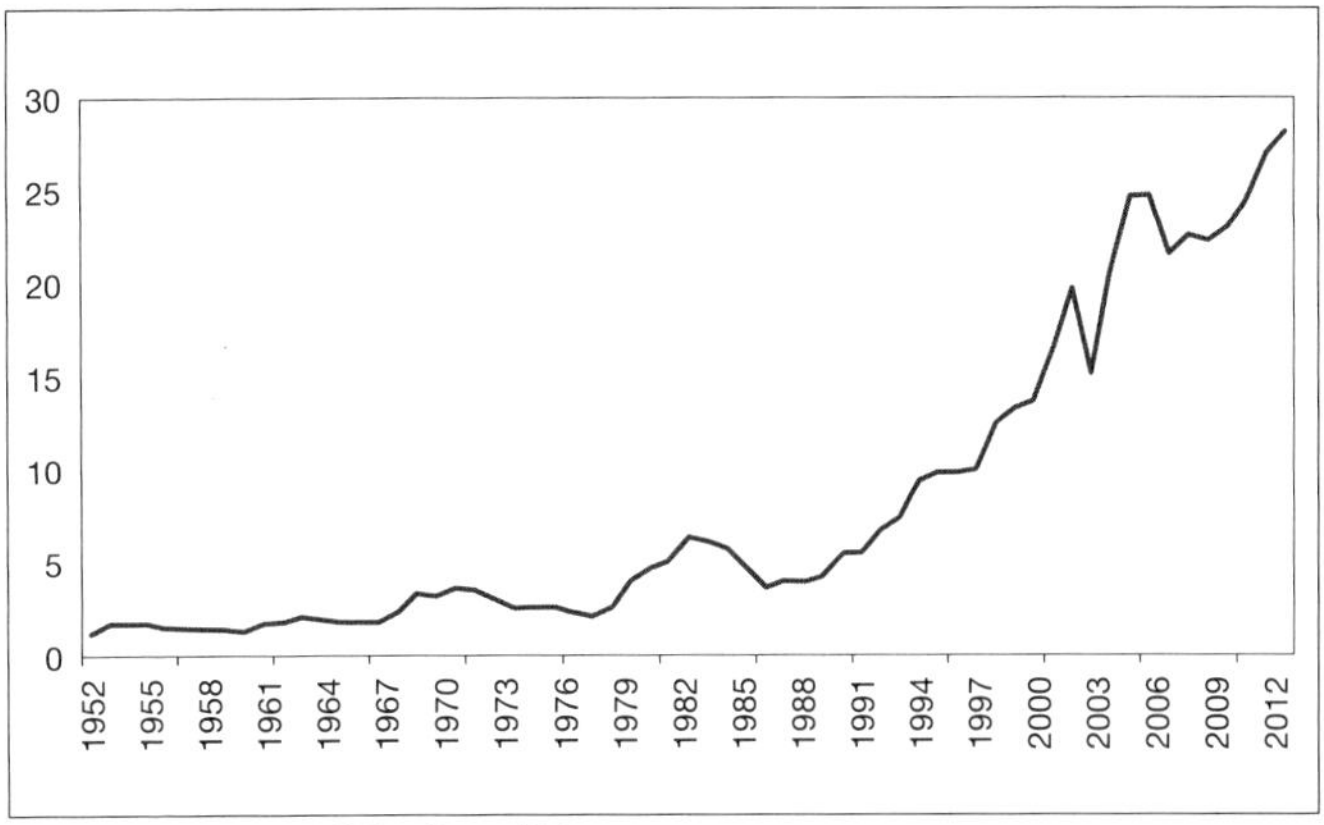

出所：東京証券取引所統計に基づき筆者

ています。これは、デフレ経済が進行するなかにおいても、人件費カットなどによるコスト削減により利益を確保し、株主に還元する姿勢を表しているものと考えても差し支えないと思います。

つまり、株主構成や金融構造の変化が、経済や社会までを変えてしまったということにほかならないのです。

はたして、このような雇用形態の変化をともなう社会構造の変化は、企業経営にとって、長い目で見たときの株主の利益に資するものでありましょうか?

少なくとも、労働分配率の低下は、消費に対しては明らかにマイナスです。とくに雇用の非正規化は、所得水準の低下と不安定な雇用形態がもたらす将来に対する不安を増幅させます。将来の不確実性は、限界消費性向の水準を引き下げ、景気回復局面における所得増加を抑制する方向にはたらきます。

また、人事政策にも問題を来します。高度な技術を要する職種ばかりでなく、付加価値の小さい仕事でさえ人材育成は重要です。人材の質は企業の質へ直結するため、長期的視点に立った人材育成は、企業の持続可能性を高めるために不可欠な要素です。この点からも、利那的な効率性の追求が、企業の経営基盤を長期的に弱体化させる可能性をはらんでいるものと考えざるを得ません。

金融の力を正しく使えば……

我が国は、銀行を中心とした負債型資本主義をよりどころとして経済成長をはたし、その後、間接金融に依存した金融システムの限界に直面しました。金融制度改革により、金融市場の成熟化を図りながら、車の両輪として企業のガバナンス改革も進んできました。

残念ながら、日本の個人が直接・間接的に企業のガバナンスに寄与する金融資産構造にはいたっていないものの、株主からのガバナンスを閉ざしてきた株式持ち合いは減少し、外国人機関投資家の存在感が増すこととなり、企業の経営陣もアングロサクソン型のガバナンス・スタイルに慣れてきたところです。

その結果、株主の利益への意識が高まり、企業の効率性を高め、株主還元の積極化が加速しました。労働コストを低減させるとともに、不況期における雇用圧縮を用意とするための雇用形態の非正規化が進み、労働分配率も他の主要国以上に低下が進みました。

日本人は、与えられた課題への対応能力が高いという特徴があります。まさに、ガバナンス改革の結果が、この卓越した対応能力の高さをもって、社会構造すらも短期間で変えてしまったものと考えることができます。

しかし、翻って考えれば、効率化は短期的な利益成長にはつながりますが、長期的には、労働分配率低下などにより、国全体としての活力を殺いでいきます。日本国民が感じる働くよろこびも、労働形態の変化により苦役としかならなくなり、会社に対するロイヤリティも低下していきます。これは企業の、あるいは株主にとって長期的利益につながったとはいいがたいと思います。

これまで見てきたように、このような社会構造の変化や経営者の意識変化をうながす程度に、金融の力は大きいといえます。この力を正しく使えば、経済や社会の変革をうながす原動力となるのではないかと思います。

第1章で、私たちが直面している持続可能性を危うくする数々の事実を見てきました。第2章では、安定的で持続可能な社会生活を可能とする仕組みを、仏教経済学や定常経済のフレームワークにそって見てきました。

そして、この第3章では、金融のもつ経済活動上の必要性と危険性、そして社会構造をも変えてしまうパワフルさを確認しました。

いよいよ、第4章では、金融をうまくリードするための価値観や哲学を、仏教や日本的な発想のなかから見出していきます。そして、そうした発想のもとで、第5章における持続可能性を高める金融の仕組みを考案します。

第4章　仏教と日本的思考の美徳～持続可能性を高める金融へのインプット

よくいえば中庸、悪くいえば曖昧、それが私たちの精神文化の底流をなしていると思います。これは、「ほどほど」を善とする価値観につながります。そして、仏教的な「知足」、すなわちほどほどで満足する価値観とも重なるものです。

経済活動において、効用を極大化する行動の末に均衡を見出すのが西洋型の発想に基づくデジタルな経済学であるとすれば、ほどほどを善とする文化に基づく東洋型の経済学があってもよいのではないかと思います。これは、第2章で紹介した仏教経済学や定常経済の発想法に近いでしょう。

高度経済成長を成し遂げた後、日本企業は「日本的経営」に対して海外から賛美の声を受けました。いまとなっては、バブル崩壊と金融危機を背景とした「失われた20年」により、欧米型経営にならえという風潮となり、それをうながす（株主構成などに見られるように）金融構造になっています。

しかし、「ほどほど」こそが、金融や経済の安定に不可欠なキーワードではないでしょうか。本章では、仏教や日本的思考から活かすべき点を見出し、第5章で導く持続可能性を高める金融のあり方に反映したいと思います。

1　日本的経営の再考

（1）　欧米投資家の不満と日本の経営者の戸惑い

投資家は何が不満なのか？

日本の企業経営者に対する外国人投資家の目線は、非常に厳しいものがあります。私もアナリスト時代に、多くの外国人投資家からの日本の経営者に対する不満に接してきました。

もっとも多い不満の声は、資本の活用方法です。資本は、根源的に投資家から経営者に寄託され、企業価値を向上させるための有効活用を期待されているものです。総資産の規模に比して資本が厚いことは、返済義務のある負債が少ないほか、将来的に発生しうる損失を吸収するバッファーとなるので、決して悪いことではありません。昔の日本企業は、無借金経営を目指していたこともありました。

しかし、株主から見ると、必要以上に資本が厚い、あるいは必要以上にキャッシュをかかえていることは、経営者の怠慢と考えられてしまいます。あまった資本があれば、自社株を買い戻して償却し資本効率を向上させることができるからです。

日本のとある会社の社長が海外投資家を訪問したときに、「我々が保有している現金は○○億円で……」と答えたところ、投資家が「その現金はあなた方経営陣のものではなく、我々株主のものだ」とたいへん怒ったという逸話もあります。

さらに、利益成長を目指した企業買収を行う場合も、投資家の不満はつきません。投資家は企業買収などの大きなイベントの際、その資金を自社株買いに振り向けたほうがよかったのではないか、あるいは、その他の事業に投じたほうが儲かったのではないかと、「機会コスト」を考えるのが普通です。しかし、経営者はそこまでの説明をはたしきれない場合が多いのです。

会社は誰のものか

若手の頃に、アメリカでＭＢＡを取ってアングロアメリカン型の市場主義に親しんだ経験のある経営者は別として、多くの日本の企業経営者は、会社で一番偉いのは自分で会社は自分のものという気持ちを抱く傾向があります。これが「我々が保有している現金……」という台詞につながるのです。

本質的に「会社は誰のものか」という問いに対しては、株主だけのものと単純に答えることはできません。従業員や債権者、顧客やコミュニティがなければ会社の存続は困難となります。しかし、会社の代表者をはじめとする取締役を選任・解任する権利は株主にありますし、法的・経済学的な位置づけも株主がプリンシパル（委託者）で経営者がエージェント（受託者）です。

このため、株式会社が経済活動を遂行していくなかで、会社が活動するための血液（資本）を拠出している株主は、会社という経済主体の心臓部を握っていると考えても差し支えないと思います。この流れは18世紀の産業資本の勃興から一貫して続いてきた流れです。経営者が、株主の声に真摯に耳を傾けるのはエージェントとして当然のことです。これが資本の論理です。金融が経済活動を動かす原理であり、前章の最後でも日本の例で述べました。

古い経営者の戸惑い

日本的経営を支えてきた金融基盤がメインバンク制であることは、すでに説明したとおりです。長きにわたり、グループ企業やメインバンクとの株式持ち合いを続けているため、うるさい株主はほとんど不在でした。そのなかで、銀行が安心できるように財務基盤を充実させる健全かつ堅実な経営をしている限りは、どこからも文句を言われる筋あいはなかったわけです。資本効率より資本充実を優先させる発想は、資本主義というよりは「負債主義」に立脚したものです。

また、アメリカの会社とは違い、終身雇用制のもとで新入社員として入ってきたなかから、行く行くは経営者が選抜される人事制度ですので、会社組織と自らが同質化してしまい、会社のトップに上りつめた暁には、会社は自分の掌の上にあるという幻想を抱いてもおかしくないのです。

しかし、金融危機や時価会計導入などの理由により、株式持ち合いは急速に進みました。これ以前に、国内の個人が直接的（株式投資）、あるいは間接的（投信を通じた投資）に株式市場に流入していればよかったのですが、「貯蓄から投資へ」の政府のスローガンは空回りし、結局のところ外国人投資家が持ち合い解消で放出された株式の受け皿となりました。

外国人投資家は欧米流の市場規律により、断続的に経営者に対して資本効率向上の圧力をかけます。それが日本の雇用慣行をも変えてしまったことは述べたとおりです。負債主義的なガバナンスに浸っていた日本の経営者が戸惑うのは当然でしょう。

日本の経営者が肌で感じること

古いタイプの経営者の戸惑いはさておき、欧米型市場主義への造詣が深い経営者でさえ、株式市場との対応で戸惑うことは多いようです。これは、歴史的に育まれた日本人固有の価値観のようなものが存在しているからだと私は思います。

そこで、ある程度、投資家との接点も多く欧米型市場に馴染んでいる経営者でさえ抱いている疑問について、私の経営者とのコミュニケーションの経験に基づきリストアップしてみました。

【日本の企業経営者が投資家との対話で感じやすい疑問】

①株主の要求に従うと、本当に企業業績がよくなり株主利益にかなうことになるのだろうか？

②株主といっても、ヘッジファンドなど短期的利益を重視する投資家が幅を利かせるなかで、そうした短期志向の株主の意見をどの程度、尊重する必要があるのか？

③機関投資家に運用を委ねている年金などの最終投資家は、長期的運用を行っているにもかかわらず、高い頻度で運用成果をモニタリングしている。それが投資家全体の短期的利益追求につながり、会社経営が目指す持続的成長から乖離していくのではないか？

④経済環境は以前にも増して不確実性が高まっており、将来的な不透明性へのクッションとして資本を厚くしておくことは株主から責められるべきことなのか？

⑤効率化を極限まで進めると取引先企業や従業員などとの関係が安定的に維持できなくなる。たとえば、もっとも低コストなサプライヤーが、長期的安定性のあるサプライヤーよりも長期的な利益に資するとは限らないし、非正規雇用比率を高めて人件費を削減することが、長期的な企業の利益にかなうとも限らないのではないか？

このような疑問は、おそらく欧米の企業経営者以上に、日本では共感される疑問であると思います。欧米の経営者は、株主の利益への適時適切な対応こそがミッションであり、それがゲームのルールだと考える傾向があります。しかし、日本の経営者は、短期的な利益極大化を望む傾向が高まった投資家に対峙し、長期的時間軸との不整合に頭を悩ませている状況がこれらの疑問からもよくわかります。

この状況をとらえて、日本の経営者はもっと欧米流のゲームのルールに染まるべきだと考えるのは大きな誤りです。こうした見識の高い経営者の疑問こそが、これからの安定した金融と経済との関係を築くうえで重要なヒントとなります。この点については、第５章で再び検討したいと思います。

（2） 日本の経営者が疑問に思うこと

疑問の背景に何がある？

ここでは、前述で浮上した日本の経営者がかかえる疑問について、その背景を深掘りしたいと思います。そして、文化的な背景で欧米の経営者や市場関係者を含め学ぶべきものがあれば、それを後で行う提言に反映させていきましょう。

私は次に示す4つの要因が、こうした疑問の背景にあると考えます。順を追って見ていきましょう。

「誘因両立性」の違い

第一に、もっともわかりやすいのが「誘引両立性」に由来する要因です。プリンシパルとエージェントとの間で利益の相反があるような「エージェンシー問題」――その代表的な緊張関係は株主と経営者ですが――を解消するには、頼む人と任される人との間での利益を一致させればよいわけです。

この利益の一致を契約理論では「誘引両立性」（インセンティブ・コンパティビリティ）といいます。株主と経営者との関係で考えれば、株主と経営者の経済的なインセンティブを一致させる方法は、経営者も株主にしてしまう方法です。その文脈でもっとも多く採用されたのが、ストック・オプションを経営者報酬に盛り込むものでした。

ストック・オプションとは、その会社の株式をある一定価格（たとえば2000円）で購入する権利です。株価が一定価格を上まわり、たとえば5000円になれば、経営者は2000円で購入する権利を行使して1株2000円で買った後に、市場において5000円で売却すれば、3000円の儲けが出ます。

株主の願いは、経営者が企業価値を向上させ、結果として株価が値上がりすることです。株価が上昇すれば、ストック・オプションの価値も上昇するため、経営者の経済的欲求が株主のそれと同じくなります。

このため、欧米ではストック・オプションなどの株価や業績に連動した報酬が一般的となっています。したがって、たとえ短期的な株価上昇であっても株主と経営者の利害は一致するわけです。しかし、日本ではストック・オプションはまだ主流とはいえず、まだまだ安定的な経営者報酬が中心です。

一方で、仮に欧米型の報酬体系が日本で一般的となったとしても、日本の経営者が欧米型の発想をもつとは限らないと思います。それは、残り3つの要因から明らかです。

時間軸のすれ違い

第二の要因は、長期的持続性への意識の高さです。株主と経営者との間には、時間軸のすれ違いが横たわる場合が多いと思います。

長期的な企業成長に投資する年金のような投資家であっても、最近は短期的な経営判断に苛立ちを見せることが少なくありません。また、年金が運用を委託している機関投資家も、年金からの頻繁な運用成果のチェックで短期的利益志向がつきつつある点は前にも述べました。

一方で、日本の経営者は、自社株買いなどにより短期的に株価が上昇することよりも、5年、10年単位でいかに会社をよくするかということを展望している場合が多いと思います。

たとえばオーナー企業、つまり同族会社です。同族会社は株主＝経営者であるため、株主と経営者の間で利害の対立が存在しません。この場合、株主である経営者は先祖からのバトンを受け継ぎ、これを長期的に繁栄させる方向で経営の切り盛りをするのが一般的です。

この例から類推できるように、日本の経営者が、時間軸のズレから株主との関係に疑問をもつ原因は、経営者ではなく短期志向に陥っている投資家にあるといえます。

日本的経営は良いのか悪いのか

第三の要因として、日本の経営者は、株主以外のステークホルダーに対してもバランスよく遇する傾向が強いことがあげられます。

１９８０年代に海外から絶賛された「日本的経営」ですが、その当時の高い評価の根拠を振り返ってみると、「アメリカの経営者は短期志向であるのに対し、日本の経営者は長期志向である」「アメリカではレイオフというかたちで会社の業況次第で労働者のクビを切るが、日本では終身雇用制で社員を大切にあつかう」「メインバンク制により長期安定的な資金調達が可能である」「銀行や取引先との株式持ち合いにより短期的利益志向の強い相手からの経営介入を防いでいる」などがあげられます。

いまではこのような日本的経営は、「（短期志向の）株主の利益を無視している」「出来の悪い社員もかかえ込み労働生産性が低い」「銀行との癒着関係が強く低コスト調達を阻害している」「株式持ち合いはガバナンス上の大問題だ」などと批判の声しか見当たりません。

従業員、取引先、債権者（銀行）などとの長期的関係を維持することを、経営的安定性、企業としての持続可能性を担保するものと考えることは、株主を含む社会全体から見て悪いことなのでしょうか？

「恥の文化」あるいは「美徳」の問題

第四の要因は、「恥の文化」あるいは社会性としての「美徳」の問題です。経営者自身の人生の価値観には、もちろん金銭的欲求の充足や会社を大きくすることによる名誉の拡大といった因子が大きな部分を占めているとは思います。

しかし日本では、社会通念上の対比で、破格の報酬を受け取るであるとか、社会性を犠牲にしてでも儲けるという行為を、受け入れにくい土壌があるように思われます。ですから、ストック・オプションなどを含め、経営者報酬が増えることが、比例的に経営者のヤル気を高めるとは限らないのではないでしょうか。

日本の経営者がもっている社会への意識は、海外の経営者にくらべても高いと思います。

これは誇るべき文化だと思います。

（3）　日本の経営者の宗教・文化的背景

横たわる風土的な精神土壌

日本人の特性の1つとして、宗教的寛容さがあげられることがあります。月並みな表現でいえば、正月に神社仏閣に初詣に出かけ、ハロウィーンには渋谷の交差点が仮装で埋まり、クリスマスをケーキとシャンパンで祝い、葬式にはお寺でお経をあげてもらう、ということなどでしょう。

宗教に限らず、西洋的な「白黒を明確化する」デジタル的な発想ではなく、2つの対立する考え方の真ん中に着地点を見出す、あるいはほどほどを大切にする中庸を基本としたアナログ的な発想をもつ傾向は、欧米人と接することの多かった私の経験からすると、間違いなく日本人の特性であると思います。

和辻哲郎氏は、『風土』[43]であらゆる地域の風土を3つの類型――「モンスーン型」「砂漠型」「牧場型」――に分類しています。

不毛の大地における対抗的・戦闘的な精神的土壌を生む砂漠型、穏やかで安定した自然・気候を浴して自発的・合理的思考を研ぎ澄ます牧場型に対して、日本のように、気まぐれな気候をもつモンスーン型では、あらゆる環境を受け止める受容力と忍従的な精神構造を育む傾向にあることを指摘しています。

また鈴木秀夫氏は、『超越者と風土』[44]で和辻氏の考え方を踏襲しつつ、「最高神を唯一神にまで進めたのは、乾燥化であった」「人間が風土とのかかわりを拒否したとき、人間だけでやっていけるという人間中心主義を生む」として、日本人の感性が自然への畏怖と尊重をベースに、あらゆる文化・宗教を受け止める土壌を生んだとしています。

つけ加えれば、神道、仏教、儒教などの宗教が、長い歴史のなかで日本人の精神にはたらきかけをいったと思われます。

「世界観」「人間観」「処世訓」

大渕憲一氏と川島伸佳氏は東北大学の地元で行った研究[45]で、日本人の価値観と宗教との関係についての興味深い社会調査[46]を行っているので、ここで紹介します。

詳細な調査ですので細目までは立ち入りませんが、３つの宗教について「世界観」「人間観」「処世訓」の３項目についてのアンケート調査で、日本人の心がどのような宗教的な要素に影響を受けたかを分析しています。

アンケートは、たとえば、仏教の人間観に分類されている「仏性」を問う調査内容は、「人の心は、本来清らかなものだが、多くの人は、それが利己心や欲望によっておおわれている」「利己心や欲望のくもりをぬぐい去れば、誰でも、本来の清らかな心が現れてくる」

43　和辻哲郎『風土─人間学的考察』岩波文庫、１９７９年
44　鈴木秀夫『超越者と風土』原書房、２００４年
45　大渕憲一、川島伸佳「日本の伝統的価値観尺度の作成：仏教、儒教、神道・国学思想に基づいて」東北大学文学研究科研究年報第73巻第１・２号、pp97-127、２００９年
46　調査方法は、仙台市における成人を対象とした無作為抽出によるアンケートにより、計１２７項目の回答を集計。なお、特定宗教の信仰心を問う、あるいは宗教色を匂わす表現を避け、思想（考え方）への賛同状況を確認する形式を取った。

などのコメントに賛同するかどうかを6段階で回答してもらう、といった方式です。
調査結果を要約すると次のとおりとなりました。

① 儒教

・「天運」（人は運命が天によって定められている）や「正義の超越性」（正義や公正は特別に優れた指導者にしか知りえない）などへの共感は少ない。

・「生得的善意」（人は生まれながらにして道徳心をもっている）が広く受け入れられている。

・「集団優先」（個より全体を優先）や「節度」「義務と責任」が高い共感をよんでいる。

② 仏教諸概念

・「諸行無常」（世の中のものは絶えず変化し、はかないもの）への支持は高いものの、「輪廻と業」「仏国土」などは賛同を得られていない。

・「はかなさ」「人生は苦」「仏性」（人間の心は本来清浄）、「無知と煩悩」（人間の悩みは飽くなき欲望とその無知から生じる）など人生観の項目の共感度合いが高い。

・「倫理と精進」「慈悲と寛容」がきわめて高い賛同を得られている。

③　神道・国学諸概念

・「超越者の否定」（万能の神や絶対的原理の存在を認めない姿勢）の賛同が高い。
・「心情の純粋性」（結果を度外視して純粋な気持ちから出た行動は美しい）がもっとも共感が高い。
・「人の縁」（人間関係を大切にする）、「和をもって」が高い支持を受けていた。

これらの結果を踏まえると、次の宗教的な要素が日本人の発想や価値観に浸透していると推定することができると思います。

第一に、社会全体への意識の高さです。

具体的には、個人よりも全体を重視する集団主義と公益性です。とくに公益性への意識の高さは、これまで述べたアメリカと日本の銀行経営者の行動特性の違いからも、納得感が高いのではないかと思います。

ちなみに、リーマンショック時に公的資金で救済されたアメリカの銀行経営者が、監督当局の規制強化を声高に批判し、最大限の配当や自社株買いなど当局の神経を逆なでするような行動を取ったのに対し、日本の銀行経営者は株主還元に慎重でした。

この行動特性の差は、単純に当局への従順性ばかりでなく、公益性への意識の高さもあるのではないかと思われます。

第二に、倫理観や矜持の問題です。

儒教の「生得的善意」「節度」「義務と責任」、仏教の「倫理と精進」、神道の「心情の純粋性」への共感の高さは、人間が生来もっている善意を強く認識し、正しく生きることへの使命感を日本人が共有していることがうかがえます。例外はもちろんありますが、日本人の多くが心の奥底に、倫理、節度、道徳などが横たわっている点は調査結果から明らかにされたと思います。

企業の不正は、世の東西を問わず存在します。ただし、不正の動機が微妙に違うような印象があります。アメリカのワールドコムやエンロンの事件[47]などは、ストック・オプションなど経営陣の私欲から株価を吊り上げたかったものです。一方、破たん後に背任の告発を受けた長銀や日債銀の経営者の事案[48]などの場合、経営陣の私的利益ではなく、組織防衛的な行動がもたらした結果であったと考えてもよいと思います。

47　不正経理による損失隠し、利益成長の粉飾などにより、会計事務所などと結託し、巨額の報酬を手にしながら破たんを免れてきたが、債権回収不能や投資失敗などの損失が浮上し、粉飾が明るみに出て破たんに追い込まれた。

48　日本長期信用銀行と日本債券信用銀行の破たん後に、不良債権の取り扱いにかかわる不適切さなどの会計処理の違法性をめぐり経営陣が起訴され、両者のケースともに一時有罪判決を受けた。結果としては、前者は最高裁における逆転無罪、後者にかんしても最高裁における下級審棄却などにより、無罪が確定した。

2 仏教の世界観からの再考

（1） 金融市場での倫理観欠如と仏教の価値観～アメリカからの声

繰り返される危機

仏教の世界観を詳細に見ていく前に、海外においてすでにはじまっている仏教の精神を取り込もうとする動きについて紹介したいと思います。

最初にアメリカから届いた声です。ハーバード大学のカーメン・レインハートは、リーマンショックなどの近年における金融危機ばかりでなく、アメリカで繰り返されてきた金融危機と不正に対して強い反感を覚えました。そのうえで、キリスト教ではなく、仏教ならではの金融市場の安定化を導く哲学があるのではないかと考えるようになったのです。

以下、レインハートらの研究[49]について詳しく述べたいと思います。

抑えられない非倫理的行動

アメリカでは、1929年におけるウォール街発の世界大恐慌にいたる100年余りの歴史のなかにおいて、1818年、1825年、1836年、1857年、1873年、1884年、1890年、1907年、1914年、1929年とほぼ10年ごとに銀行危機を迎えました。その後も断続的な危機は収まらず、最近ではリーマンショックというメガトン級の危機が世界を襲っています。

金融危機の要因は、年代をさかのぼるほど商業銀行の不良債権問題なのですが、近年の危機は証券市場やデリバティブなど金融技術の進展により、その色彩も変わってきたのはご承知のとおりです。

1929年の世界恐慌を機にアメリカは、証券市場の影響が銀行の健全性を損なわないよう「防火隔壁」を設けました。銀行業と証券業の協業を禁止したグラス・スティーガル法です。

しかし、金融ニーズの多様化、や金融業界の業務先鋭化の背景もあり、1999年には

49 Reinhart, C.M. and K.S. Rogoff, "Banking Crisis; An Equal Opportunities Menace," NBER Working Paper No. 14587, 2008

クリントン政権下においてグラム・リーチ・ブライリー法（略称GLB法）が成立し、銀行・証券の垣根が取り除かれました。以降、アメリカの金融危機は商業銀行の不良債権問題といった単純なものではなく、複雑さも規模も大きくなったのです。

アメリカの法律事務所ラバトン・スカローが2012年に実施した調査結果[50]（イギリスの250、アメリカの250の金融機関経営者）によると、計500人の米英金融機関経営者のうち39％が倫理に反した行為になんらかのかたちで関与、30％が反倫理的行為、あるいは違法行為のための妥協を行ったと回答しています。

同報告書の総括としては、いかなるコストでも金儲けしようという意識が蔓延し、また、ウォールストリートの新人教育においても暗示的なかたちでこうした考え方が強調されているとしています。

キリスト教＝戒律、仏教＝正しい道

レインハートらは、このようなアメリカの金融市場がかかえる問題の根深さを憂い、その根本的な要因を、キリスト教などの宗教的背景を含めた文化的土壌にあるのではないかという見解を示しました。

仏教はキリスト教などの西洋の宗教と違い、「禁じる」宗教ではなく正しい姿勢を求めるものであると、キリスト教との違いを明確にしました。

とりわけ、仏教の「気高い質」[51]は、高潔さをなすことで幸福がもたらされる思想であると指摘し、貪欲さそのものに対する反省が、仏教の観念では自然に生まれてくるものと解釈しました。正しい方法で生活の原資を得て、それを正しく使うのがシューマッハーも支持した「八正道」です。この思想こそがアメリカの金融に求められる資質であると主張しています。

では、そもそも戒律を主体とする宗教と、正しい姿勢を追求する宗教の違いはなんでしょうか。じつは論文中に明確な説明はないのですが、私の推論では、戒律は規制的な性格をもっている一方、八正道は行為者の価値観と精神そのものだということだと思います。

50　Labaton Sucharow, "Ethics & Action Survey: Voices Carry," Labaton Sucharow, 2012
Hoare, A. "Banking on Buddhist Economics: How Enduring Values Underpin a 300-year old Family Bank," The Brewery, Journal 1, Chapter 4, pp20-22, 2012

51　原文では、Noble Quality。

具体的に考えてみましょう。

金融の世界での戒律にあたるのが、規制や法令です。第3章で、金利が禁止されていたキリスト教の教義を破ることなく金融を可能とするために、中世の神学者トマス・アクィナスが「損害の補償」という考え方を生み出したことを紹介しました。

私はこれを強弁だと述べました。規則や戒律は、それを逃れる術《すべ》があれば禁を解いてもよいという考え方です。それができれば、実質的に規制やルールの精神を逸脱しても、自らの欲求が目指す目的を遂行することに問題はないものと整理されてしまうのです。

しかし一方で、正しい道を求める場合、実質的に道から外れること自体が行為者にとって苦痛となります。これがまさに、戒律と正しい道の宗教観の違いによる金融市場との向きあい方の差です。

仏教の世界観は金融を正しく導く

金融規制と規制逃れのための金融技術の「イノベーション」は、イタチごっこです。金融危機が発生して、その反省に基づいて厳しい金融規制が次々とつくられても、新たな規制逃れのための工夫をよび起こすだけです。

戒律という考え方の土壌があればこそ、解釈や方便によりこれを逃れることができれば、信教を侵すことなく自らの利益を追求できるというものです。しかし、正しい道を追求する仏教の思想が金融の世界に浸透すれば、倫理観の欠如による金融の暴走を止められるというのがレインハートの結論です。

とはいえ、べっとりと浸透した宗教的な思想を転換することは、「言うが易し」で、たいへん困難なことです。金融市場の1人ひとりの信条を変えさせることは不可能です。この点が第5章への宿題となります。

(2)　金融市場での倫理観欠如と仏教の価値観～イギリスからの声

仏教経済学を活用した銀行がある！

イギリスは、ロンドン・シティが象徴するように、アメリカ同様に市場主義が徹底した国の1つです。しかし、そんなイギリスでも、仏教的世界観を下地にしたビジネスを行っている銀行があります。

ロンドンにある老舗プライベートバンクで、C・ホーア&カンパニー（以下、ホーア）[52]という銀行です。

ホーアの創業は1672年にさかのぼり、設立以来ホーア一族がオーナー兼経営陣を務めてきました。ちなみに、2006年に創業後はじめてファミリー外の会長が就任しています。[53]

従業員数431人（2015年3月末現在）、総資産5000億円強（2015年度末33億ポンド）、当期利益40億円程度（2015年度は23・100万ポンド）で安定しています。これら主要計数から明らかなとおり、経営規模は小さい銀行です。しかし、ビジネスの質に対する評価は高く、数々の賞を受賞しています。[54]

過去100年近くの期間、同社の顧客数は1万人程度を維持しており、貪欲な顧客基盤の拡大を行っていません。つまり規模の拡大や成長とは無縁の銀行です。

財務体質は健全で、自己資本比率（銀行規制のなかでもっとも重視される普通株等ティアI比率）は2015年末現在で19・17%ときわめて高い水準を維持しています。

また、収益性については経費率が約70％（2015年度72・9％）と効率性が悪い日本の地銀並みですが、ROA 0・8％、ROE 9・6％と、日本の地銀の2倍程度の収益性を誇っています。

仏教経済学を明示するホーアの経営哲学

以下、同社のマネジング・パートナーでホーア・ファミリーの一員であるアレックス・ホーアの言を借りながら、ホーアの経営哲学について述べていきます。

まず、同社は仏教経済学の基本思想を経営哲学の中心に置いているということです。キ

52　C. Hoare & Co.、1799年にHoareファミリーのCharles HoareによりHoare & Co.からC. Hoare & Co.の現社名に変更された。

53　C. Hoare & Co ホームページより（http://www.hoaresbank.co.uk/timeline）。

54　近年の受賞歴は以下のとおり：　(i) Citywealth Magic Circle Awards, (ii) Private Bank of the Year – Wealth Managers and Private Banking/Investment Manager of the Year, (iii) STEP Private Client Awards 2014/15 – Private Banking Team of the Year, (iv) WealthBriefing European Awards – Highly Commended – UK based private bank, domestic clients team, (v) Global Private Banking Awards 2014 – Highly Commended – Best Private Banking Boutique, (vi) Portfolio Adviser Wealth Manager Awards – Gold for the performance of our cautious model portfolio.

リスト教が信教の大部分を占めているイギリスにおいて、仏教というキリスト教以外の一部の宗教を銀行経営の基本方針に反映させ、それを公言すること自体は相応のリスクの覚悟が必要であったと思います。

仏教が盛んな日本でさえも、銀行が宗教の色のついた考え方を経営哲学に含めることは困難でしょう。しかしホーアは、仏教経済学の考え方を踏まえた経営を行うと明確に指し示しているのです。この哲学に基づく経営方針は、「共感」「社会的責任」「誠実・正直」「質の高さ」の4点です。

特色について6点ほど述べておきます。

これらの特色は、日本の銀行にとっても感じる部分が多いのではないかと思います。

第一に、規模を追わず取引の質を大切にしていることが特徴です。

規模の経済を経営的に信じていないこともありますが、規模の追求はふくらんでいく社員間の競争をあおり、文化の衝突をあちこちで生じさせることとなると考えているようです。

第二に、大銀行との差別化が、顧客との関係性、柔軟性・機動性、対応の充実、スピード、独立性などの面で確保されているということです。

個性までを含めて顧客１人ひとりを細密に知ることができる範囲内でしか、顧客を増やさないという戦略に立てばこその特長です。なお、アレックス・ホーアによれば、同社の判断スピードは24時間以内で、つねに属人化したサービスの提供が可能ということです。また、多種多様な業態のグループ会社をかかえる大銀行と違い、グループ内の金融商品をクロスセルとして顧客に押しつけるようなことを防ぐことができています。

第三に、利益極大化ではなく、質の極大化とリスクの極小化を目指していることです。所有と経営が分離していないことにより、外部株主からの利益追求に向けた圧力を受けないことがこれを可能にしているといえます。この点は、株主と事業の長期的ビジョンとの狭間に立つ日本の経営者にとってはうらやましいことでしょう。

第四に、顧客への商品供給についての細心の注意です。

同社のすべての社員が完璧に商品特性（リスク特性やリスクリターン・プロファイルなど）を理解している商品しか販売しないということです。デリバティブにより複雑化した仕組み商品などは高い手数料を獲得できますが、顧客本位という発想のもとこうした商品は取り扱わないのです。

第五に、積極的な地域貢献です。

同社は「黄金の瓶」と命名した慈善信託を設定し、さまざまな慈善事業を展開しています。地域に対しては、学校や病院などの建設を行ってきました。「稼いだものを与えよ」をこうした活動の精神としています。

第六に、価値観を共有する従業員の確保です。

質の高い従業員といった場合、ゴールドマンサックスのような一流投資銀行で輝きを放ちたいと考える人もいれば、金銭以外に仕事の価値を見出す人もいることでしょう。同社では親の代や祖父母の代から同社で働いている従業員も多く、従業員・顧客・株主（＝経営者）へのバランスをしっかりと考えた経営が、従業員の定着をうながし社風に合った質の高い人材を生み出すこととなっています。

正しい経営を「是」とする

「スモール イズ ビューティフル」の精神のもとで、利益や量的拡大に奔走する銀行とは一線を画し、３００年以上同じ形態と規模の銀行業を営み、成長より質の安定と持続可能性を求めた結果、ホーアは、リーマンショックなどの金融危機は無傷でやりすごすことができました。

このような銀行は、世界的に見ても稀有でしょうし、同族系の強みともいえます。このような銀行のマネをしようと思っても難しいこともたしかです。しかし、ホーアの経営には、いかなる金融機関や一般事業会社も参考にできるポイントがあります。

経営が長期間安定的に維持されている条件は、株主と経営陣がともに、利益成長より持続的安定性、量的拡大より質的充実を求めていたこと、仏教経済学のよりどころとなる正しい生活、正しい経営を「是」としていたことなどがあげられると思います。

3　仏教の精神が金融を、そして世界を救う

（1）仏教精神の柱としての「利他」

大乗仏教の基本となる「利他」

ひと口に仏教といっても、釈迦入滅後2500年近くの歳月をへて数多くの宗派に分岐しているほか、細かな教義の解釈も異なっています。このため、何をもって仏教の教えというかはたいへんにナイーブな問題です。ここでは、なるべく宗教色を薄めて、仏教的な考え方について最大公約数的に見ていくこととします。そして、その世界観や思想から、金融のあり方についてのヒントを探っていくこととします。

釈迦入滅[55]後、100年以上が経過した紀元前3世紀頃に、仏教は上座部仏教と大乗仏教[56]に分岐しました。前者はミャンマーやタイへと、そして後者は日本や中国を含む北東アジアに浸透していきました。このため、奈良時代の仏教伝来以降、日本における仏教は、そ

の多くが大きく分ければ大乗仏教の流れをくんでいると考えられます。

その大乗仏教の基本概念のなかでも大切なものの1つが、「利他行」です。利他は、利己の反対で自分以外を利するということです。大乗仏教の利他的な考え方は、大乗仏教をよりどころにする宗派からすると、これを他の宗派との明確な違いとしています。具体的には、上座部仏教では、出家僧が中心となり厳しい戒律を守り、修行により悟りを自己の力で自己のために得ようとするものです。これに対して大乗仏教では、衆生の救済を目指すこととしています。[57]

菩薩の4つの覚悟、4つの心

文殊菩薩や観音菩薩など、「菩薩」という言葉を聞くと、イメージするのは仏像だと思

55　諸説あるが紀元前4世紀前後と推定する説が多い。
56　大乗仏教を体系化したのは龍樹（りゅうじゅ、Nagarjuna）とされており、般若経などで知られる「空思想」などは龍樹により確立された仏教思想である。
57　このため、大乗仏教は上座部仏教を小乗仏教（小さな乗り物）という呼称で表現（揶揄）した。

います。菩薩は、菩提薩埵（ぼだいさった）の略で、菩提は「悟り」、薩埵は「求道者」を指しますので、悟りを目指す求道者ということです。大日如来や阿弥陀如来の「如来」は悟りにいたった状態を示しています。ですから、菩薩は悟りに向かう途中の段階を表す言葉です。

菩薩には「四無量心」という4つの覚悟が求められます。

第一に「慈無量心」です。これは慈愛を意味していて、人々の幸福を願う気持ちです。

第二に「悲無量心」で、言葉としては憐憫の心を意味し、人々の苦しみを除く願いを示しています。

第三に「喜無量心」で、人々の福をよろこぶことを意味します。

そして最後に「捨無量心」で、煩悩の要因となる執着を捨て平静の心を保つことを意味しています。これら4つの覚悟のうち、執着の除去を除く3つの要素は、利他の精神そのものであることがわかると思います。

さらに菩薩には「四摂事」（ししょうじ）、あるいは「四摂法」（ししょうぼう）という心も要求されます。４つの要素は、布施、愛語、利行、同事から構成されます。

「布施」は、他人に与えること、分かちあうことを表し、金品のほか教えや人のために働くことも含みます。

「愛語」は、優しい言葉や心に訴える言葉を意味しており、人を傷つけるような乱暴な言葉遣いはしないことを意味します。

「利行」は、相手を利益する、人のためになる行為を表しており、十善戒とよばれる十種類の善行（非暴力、不偸盗、不邪淫、不妄言、不綺語、不悪口、不両舌、不慳貪、不瞋恚、不邪見）に従うことを意味します。

そして「同事」は、平等に接することを意味し、人の立場をよく理解し同じように振舞うことが求められます。これら４項目の摂事についても、３項目は利他に類するものであり、残る１項目となる利行については、仏教経済学における中心思想の「正しい生活」を集約したものです。

他者を思う心こそ大切なのです。この利他の精神は、金融を含め人類が繁栄を持続的に維持していくためには重要な徳目といえましょう。

人は人を助けようとする

私が書いた経済学の教科書では、「利他学」という学問について取り上げています。経済学は元来、人間の幸福感を効用で置き換え、それを貨幣などの客観性のある数値に換算しながら合理性を追求し、ミクロ的な最適値の集積からマクロ的な市場の均衡を導いていきます。

しかし、こうしたデジタルな効用極大化行動的なことだけを経済学で教えることは、人としての生き方を考えるうえでは不十分と考えたためです。

小田亮氏の『利他学』[58]によると、人は人助けをするように設計されているようです。人を援助する特性やメカニズムを「互恵性」といいます。互恵性には直接的互恵性と間接的互恵性があり、直接的互恵性は商取引のようなギブアンドテイク、つまり見返りを前提としての手助けを指します。

一方で、間接的互恵性は、他人を利することで自らにプラスのかたちで返ってくるというギブアンドテイク的な関係性を前提としていない、無私な行動を意味します。つまり、人を助けることが自らに利益として戻ってくるかどうかはわからないが、助けたいから助けるというものです。

間接的互恵性は、直接目に見えるかたちで利益が戻ってこなくとも、時間や場所を超越して、利益が実現する可能性を無意識に期待していると解釈できます。換言すれば、直接的互恵性が特定された2者間における利益のやり取りを示すのに対し、間接的互恵性は、他人を利する対価がその場で約束されなくとも、どこかの時点で恩恵がもたらされるという漠とした互恵性を指します。

困った人への募金を例に取ってみましょう。人助けを周囲に見せることで社会的評価を向上させ、人生になんらかのメリットをもたらすことが企図されているということが直接的互恵性で、匿名で寄付をするような例は間接的互恵性です。

間接的互恵性は、人類の進化の結果であると見られるようです。つまり、利他行動は、人類のなかで互恵のネットワークが広がることによって、「種の保存」作用が機能するという遺伝子レベルの話であるというのです。

58　小田亮『利他学』新潮社、２０１１年

人間は、利他的に動く遺伝子をかかえているというのは、きわめて興味深い考察ですし、それが本当なら、利他的行動は人間らしい行為といえるのです。事実、MRIを用いた実験で、寄付行為が脳の線条体に作用し、快感物質を分泌させた臨床例が存在しているということです。

刹那的に利益を追求する経済行為や、それを助長させる金融のメカニズムは、直接的互恵性の世界だけで観察されるものです。長期的視点に立てば、直接的な見返りを前提せずに他を利する行動こそが経済全体の持続可能性を守ることができそうです。

(2) 空海からのメッセージ

現代に生きる空海

仏教からもたらされるヒントの最後に、平安時代のスーパーマンといわれる弘法大師・空海のメッセージをいくつか取り上げようと思います。

なぜ空海か、不思議に思われるかもしれません。たしかに、私が現在教鞭を執る京都文教大学は、法然上人ゆかりの浄土宗の宗門校です。

じつは、私はかつて、アナリスト時代に別の証券会社への転職の際に1カ月の休暇を取ったのですが、そのときに「煩悩に満ちた金融の垢」を落とすべく、高野山に登りました。そして宿坊で数日間をすごすなかで、空海の教えに触れる機会が多くありました。それ以降、空海の著作の現代語訳などを読み、共感を得ることが多々あったためです。

空海は、詳しく紹介するまでもなく、唐から貴重な経典や科学技術のノウハウを請来、日本における密教の基礎を築いたばかりでなく、満濃池における土木事業の指揮など先進的な技術の移転に大きく貢献した人物です。

何よりも特筆すべきなのは、大日如来からの教えを受けたとされる金剛薩埵（こんごうさった）からはじまり、龍猛（りゅうみょう）、龍智（りゅうち）、金剛智（こんごうち）、不空（ふくう）[59]、恵果（けいか）と受け継がれた密教が、恵果の強い意志によって、中国

59　空海生誕の日とされる774年6月15日は、恵果の師匠である不空が亡くなった日とされている。

の僧ではなく日本の空海に後継が委ねられ、第八祖となったことです。

遣唐使として外国から訪れた初対面の空海に対し、古くからの弟子たちを差し置いて、法を伝える「伝法灌頂」を恵果が行ったことは、空海の人となりを象徴するものです。

金融・経済界へのメッセージ

それでは、空海の著作のなかから、金融・経済界へのメッセージと受け止められるものについて取り上げていきたいと思います。

まずは利他にかんするものを図表4-1にまとめました。


「一切有情はことごとく普賢の心を含ぜり」のなかの「一切有情」は、生きとし生けるものを意味します。普賢（普賢菩薩）は慈悲の菩薩といわれています。

つまり、誰でもが他人を思いやる気持ちを生まれながらにして備えていることです。この言葉からは、金融を含めあらゆるビジネスに携わる者は、各自の心の原点を取り戻すだけで、過度な自己利益の追求から周囲の関係者の利益を慮った行動ができるはずだというメッセージを受け取ることができます。

図表4-1　空海の言葉からの示唆（利他の思想）

空海の言葉	意　訳	金融への示唆	収蔵
一切有情はことごとく普賢の心を含ぜり。	あらゆる生きものはすべて人々を救う慈悲心をもっている。	形式だけではなく、心からの各ステークホルダーへの利他心をもつには、人間の原点を思い出すだけでよい。	菩提心論
虚空尽き、衆生尽き、涅槃尽きなば、我が願も尽きん。	万民に悟りが行きわたってはじめて、私の願いも尽きるであろう。	経営者は、顧客、株主、従業員、社会すべてに幸福をもたらして、はじめて幸福になる。	遍照発揮性霊集
苦空の因を済うは利他なり。	エゴを追求するから人は苦しむ。誰かのために生きてみよう。	短期的な利益への追求は、さまざまな副作用を通じて問題を残す。	御請来目録

注：現代語訳は川辺（2014）、佐伯（2014）、竹内（2014）の現代語訳を参考に意訳。
出所：空海の言葉は図表中の各収蔵文献を参照

「虚空尽き、衆生尽き、涅槃尽きなば、我が願も尽きん」は、空海自身が悟るだけでは十分ではなく、他の人々も悟りに導くことができてはじめて空海の願いが成就するということを意味しています。

まさに、利他の究極、空海の人類愛的な思いが表れています。この言葉からは、経営者の心構えとして、個人的な私欲（たとえば報酬や名誉）の充足だけではなく、顧客、株主、従業員、社会それぞれの満足度をあまねく高められて、はじめて使命をはたしたという認識を得られるという精神を読み取ることができます。

「苦空の因を済うは利他なり」は、自己中心的な利益の追求をするから苦しみが生じるので、そこから脱却するには利他の精神が必要であるということを意味しています。
この言葉から、自己中心的かつ短期的な利益追求は、さまざまな副作用を来してしまうこと、そして結果的には経営が目指す姿から乖離してしまうだろうということをくみ取ることができます。

利益や経営問題と向きあうために

図表4-2には、利他行以外に、これまで取り上げてきた経営問題や持続可能性の問題に関連したメッセージをまとめてあります。このなかで、とくに注目すべきメッセージを紹介しましょう。

「持念して世福を求むれば、多聞にして利養を得」は、社会全体の利益を敷衍《ふえん》することを求めた言葉です。これに続く3つのメッセージについても、短期的な利益追求は身を滅ぼすので、まわりをよく観察し、長い時間軸で考える視点が示唆されています。

「法身何くにか在る。遠くからずして即ち身なり。智体云何ぞ。我が心にして甚だ近し」

図表4-2　空海の言葉からの示唆（利益や経営問題との向きあい方）

空海の言葉	意　訳	金融への示唆	収蔵
持念して世福を求むれば、多聞にして利養を得。	心穏やかに世の幸福を願えば、多くの教えに接し、利益で包まれる。	長期的な視点に立って、永続性を展望した経営を続ければ、会社の繁栄とステークホルダーの幸福はあとからついてくる。	五部陀羅尼問答偈讃宗秘論
道を学んで、利を謀らず。	目先の利益を追いかける人生に意味はなく、世の役に立ち自らの人生を深めていくために学ぶ。	短期的な利益ではなく、長期的な利益を目指して経営環境の状況を冷静に分析し、よい経営の理解を深めていくべきである。	遍照発揮性霊集
物の荒廃は必ず人に由る。人の昇沈は定めて道に在り。	物の荒廃は必ずその人による。人の昇沈は必ずその道の学び方にある。		遍照発揮性霊集
凡夫（ぼんふ）は善悪に盲（めし）いて、因果有ることを信ぜず。	悟りを得ていない人は善いことと悪いことの区別がつかず、目の前の利益ばかりを追い求める。		秘蔵宝鑰
法身（ほっしん）何くにか在る。遠くからずして即ち身なり。智体（ちたい）云何ぞ。我が心にして甚だ近し。	本当の自分は、本当の真理は、外ではなく内側、つまり心の中にある。	人の心も組織も同じで、外部情勢に振りまわされるのではなく、問題の核心は組織の中に存在する。よい経営をする阻害要因となる社風（インセンティブ構造など）を内省してはじめて、外部に対峙できる。	遍照発揮性霊集
煩悩有って、よく解脱のためにもって因縁となる。実体を観ずるがゆえに。	煩悩がなければ解脱への思いはない。煩悩を知ってこそ解脱への気持ちが起こる。	欲求の存在を認識してはじめて悟りが得られるように、経営上の問題を認識しはじめて企業はよくなる。ダメな部分を認識することが大切。	秘蔵宝鑰
心暗きときは即ち遇う所悉く禍なり。眼明らかなれば即ち途に触れて皆宝なり。	心が暗闇なら会うものすべて禍になるが、明るければ出会うものはすべて宝に。	経営難の状況であっても、経営者は明るい心を失わなければ、難局を乗り越える術が得られる。	遍照発揮性霊集
それ境（さかい）は心（しん）に随って変ず。心垢（けが）るるときはすなわち境濁る。	環境は心のもち方で変わる。暗いときは何をしても淀む。		遍照発揮性霊集
珠（しゅ）をもてば善念生じ、剣を把る殺心（せっしん）の器。	水晶（宝）をもてば心が清らかになり、剣を握れば心は荒々しい気持ちになる。交わる人や住所、仕事など変われば、人心は変化する。		五部陀羅尼問答偈讃宗秘論
一切の無明煩悩、大空三昧に入りぬれば、すなわちすべて所有なく、一切の塵垢すなわち財（たから）となる。	暗闇に迷い煩悩に苛まれても、こだわらぬ心をもち心落ち着ければ、すべてから清められる。	一時的な株価下落を嘆くような状況であっても、長期的な視点で問題がなければ、泰然自若とした態度で臨めばよい。	梵網経開題

注：現代語訳は川辺（2014）、佐伯（2014）、竹内（2014）の現代語訳を参考に意訳。
出所：空海の言葉は図表中の各収蔵文献を参照

は、きわめて密教的なメッセージです。

法身は大日如来、つまりこの世の真理を示しています。本当の真理は自分自身の心のなかに存在しているという教えです。会社組織も同様です。

つねに改善の余地は、組織のなかにこそ見つけられるべきものです。損失隠しなどの隠ぺい、性能を高く見せるための偽装、取引相手に損失のリスクを十分説明せずに商品販売を行うなどの倫理的な問題を繰り返すような組織は、必ずそのなかに病根があるはずです。

経営哲学や価値観の共有化は、ホーアの経営でも重要な事項として出てきました。会社経営を行う場合は、「正しい生き方」をベースにした経営哲学と価値観を、社内で浸透させることが不可欠です。従業員や経営者のインセンティブがいかに形成されるかを分析するなど、内省にこそ問題解決の解があります。

このメッセージは、次の「煩悩有って、よく解脱のためにもって因縁となる。実体を観ずるがゆえに」とも共通します。自らに問題があることをまず認識することが不可欠で、それができてはじめてよい組織、よい経営ができるのです。

(3)　仏教から見出せること

本章では、仏教の思想を取り込むことで、金融機関や金融市場の持続可能性の解を見出したアメリカやイギリスの例を取り上げました、そのうえで、仏教の利他的思想や正しい生き方について、金融や経済のヒントとなるようなメッセージを見出してきました。

しかし、こうした思想をもってしても、金融業界全体を啓蒙することは不可能です。また、ホーアと同じ経営が可能な金融機関もごくわずかであると思います。

最後の第5章では、本章で得た貴重なメッセージを踏まえながらも、実現可能性が高い具体的方策について考えたいと思います。

第5章　仏教ファイナンスと持続可能性

不確実性の増大や、持続可能性への疑問を背景とした人々の不安を踏まえ、人類の将来のための経済・社会が向かうべき姿を議論してきました。本章ではいよいよ金融をテコとした変革の方向性を示します。

簡単にここまでを整理しますと、第1章で、格差や地球環境の視点から私たちの生活環境がこのままの状態ではもたないことを述べたうえで、第2章において持続可能性を取り戻すための社会・経済のあり方について、仏教経済学や定常経済から考えました。しかし、社会的な変革には巨大なエネルギーが必要なことから、第3章で金融の影響力の大きさを確認し、社会・経済を正しく導く力を備える金融の可能性を指摘しました。

これらを踏まえ本章では、第4章で明示した仏教的思想や、日本的経営の背景となった日本人的価値観を取り込んだ金融の力を借りて、社会・経済を変えていく方策について提起します。

1　定常社会・定常経済の実現

（1）目指すべき到達点はどこか？

私たちの幸せの視点

私たちには幸せになる権利があります。そして、万民が幸せになるべきです。ただ、ここで問題になるのは、「幸せ」を考える視点です。

これまでの経済学の視点は、いまここに存在する「私たち」が享受する効用（幸福・満足感）の極大化です。金融的な時間の概念を入れたとしても、現時点で存在する主体が将来にわたって受ける幸福感を、金利で割り引いて現在価値を算定し、その総和を極大化する程度のものです。

仮に、私たちの遠い将来の子孫を含めた幸福感の総和を考えた場合であっても、金利が正の値を取る限りは、現在の幸福感は、将来感じる同程度の幸福感をつねに上まわるため、現在の幸せをより大きくするための選択を行います。

私たちの多くは、こうした計算を無意識のうちに行い、日々ライフスタイルを築きあげてきました。そしてその結果が、エコロジカル・フットプリントで明示される地球環境の荒っぽい消費です。環境にかかる将来にわたっての負担が、時間的な価値への割引で過小評価し、将来の子孫の分け前を先食いしているのが現状です。

利他学でも示しましたが、人類は生まれながらに他の人を思いやる気持ちがあり、人のために行動した場合に、そのこと自体が他者だけではなく自らの幸福感につながります。環境消費や、これによる将来的な人類の姿に対する負荷への想像力をはたらかせれば、こんなことにはなりません。将来の子孫への思いやりも、今生の私たちの幸せに寄与するはずです。

マイナス成長による発展もある

成長という言葉はたいへんにポジティブな言葉ですし、あまねく美徳としてとらえられています。そこに異存はありません。しかし、こと経済にかかわる事柄については、デイリーが主張しているように「成長」と「発展」とを明確に区別して認識すべきでしょう。「成長」は大きくなることですが、「発展」はより高い次元に向かうことです。

成長した企業の事業規模が、マネージできない程度にふくらんだときに、優先度の低い事業を削減して規模の縮小を図る。これはマイナスの成長ですが、立派な発展です。銀行を中心とする金融機関は、規制緩和の恩恵にあずかって、経営規模・範囲ともに大きく成長をはたしました。そしてその後に、世界的な金融危機が発生し、巨大なバランスシートを支える資金や資本の確保ができない状況に陥り、破たんや救済を余儀なくされたことは記憶に新しいと思います。

人口にしても経済にしても、マイナス成長というのは、政治的に具合がよくないことはたしかです。人口が減少すれば潜在成長率が低下しますし、経済が停滞すれば政権としては命取りになります。GDPなどで表される経済規模の国際的順位も、政治的にも国民的にも高いことを望みます。やはり、経済成長というのは、私たちの価値観の奥深くにしっかりと刻み込まれています。

しかし、第1章で確認した持続可能性の問題、そして第2章で学んだ成長が持続可能でないこと、これらを踏まえれば、私たちが意識を変えて向かわなければならない方向がはっきりしています。

それは成長よりも発展、発展の先にある定常社会と定常経済、つまり持続可能性がある社会・経済の姿です。

（2） 持続可能という到達点に向けて必要なこと

3つの循環

岸田一隆氏は『3つの循環と文明論の科学』[60]で、科学者としての視点からだけではなく、経済・金融などの学際を超えた視点から、人類の歴史と持続可能性の問題を非常にわかりやすくまとめています。私も本書を書くにあたっては、少なからず影響を受けた秀作です。

岸田氏は、人類が物質・エネルギー、産業、金融の3つの循環により支えられていること、そしてこれら3つの循環のバランスを取ることが持続可能性を求めるうえでは必須であるとしています。

また、エコロジーや環境問題で提起されるリサイクルやスローライフでは、持続可能性が担保されない点も明確に指摘しています。すでに膨大な経済規模に達している私たちの社会は、近代技術を捨て去りスローライフに回帰するなど、悠長な手立てでは支えきれなくなっているのです。

昔の不便な生活に戻ることが「解」ではなく、地球環境と経済との折りあいをつけるためには、巨大な人口を受け止める生産力を紡ぎ出す科学技術の力を頼らざるをえないと直言しています。

3つの循環に戻りましょう。

地球環境などから消費される物質・エネルギーにかんしては、デイリーの「スループット」の話と同様、消費規模の抑制をしていかなければなりません。つまり、産業の循環が、

60　岸田一隆『3つの循環と文明論の科学』エネルギーフォーラム、2014年

物質・エネルギーの再生の循環を上まわる規模まで拡大したため、その状態を放置すればどこかで破たんを来すわけです。

しかし、産業循環の規模を、一気に産業革命前に戻すと別の破たんを来します。農耕を含む生産性の改善をもとに戻せば、現在の人口規模を支えることができなくなるためです。

そこで、産業規模を緩やかに縮小させながら、科学の力を借りて物質・エネルギーの循環と折りあいをつける必要があるのです。

これは、持続可能性を、原始的生活に戻すことで獲得しようとする漠然としたイメージだけの夢物語ではなく、現実的に対処するに当たっては非常に重要なポイントです。

ライフスタイル、科学技術、意識・価値観

この議論を踏まえた岸田氏の主要な提言を紹介します。

第一に、地産地消です。

地産地消自体はソディやデイリーも主張していたことですが、岸田氏は食糧などの消費財だけではなく、エネルギーについても具体的に言及しています。

たとえば、現在の大規模集中発電から地域に分散する小規模分散型発電にすれば送電ロスを少なくできるというものです。

第二に、人々の選択への自覚です。

仮に経済成長を放棄してペースダウンさせたとしても、地球環境と経済のバランスを考えれば、原子力発電という選択は甘受せざるをえないということです。誤解のないようにつけ加えますと、原発推進論ということではなくあくまでも科学技術の発展により代替電源を開発するまでの猶予措置という位置づけです。

原発を恒久的電源とすれば、廃棄物など高エントロピーの問題は別の意味での持続可能性を脅かします。定常経済には物質・エネルギーの循環を支える人工的再生の循環が必要で、それには科学の発展が必要ということです。

第三に、考え方や価値観の変革の必要性です。

1つは未来の他者の利益を考える必要性です。岸田氏はデイリーと同様に、割引率が高いと未来を軽視してしまう傾向を指摘しています。

この点は、本章冒頭で述べたとおりです。そして、成長を当然のこととして望む意識を変えなければならないと指摘します。

これら岸田氏の意見はすべて当を得ていますが、1つ観念的な部分としてつけ加えるとすれば、仏教的な「知足」の価値観であると思います。

熱エネルギー源が木材から石炭などへ移行した「化石燃料革命」では、エネルギー確保のための地球環境消費が減るはずだったのですが、効率的なエネルギー生産が逆に多消費化につながってしまった点を、岸田氏は問題視しています。科学技術の発展が地球環境消費を抑制するのではなく、ライフスタイルの華美化をうながすリスクです。

知足の精神が浸透していれば、こうした怖れは排除できるのでしょうが、成長からの脱却や、知足などの価値観を共有化するハードルは高いのが現実です。

ここで、持続可能な定常社会・経済に移行するために求められることをまとめておきましょう。必要なことは、ライフスタイル、科学技術、意識・価値観の3つに集約できます。

ライフスタイルとしては「物質・エネルギーの地産地消による環境負荷の削減」、科学技術としては「スループットを削減する技術開発と環境負荷の少ない技術の積極的採用」、意識・価値観としては「成長神話からの脱却と知足」です。

これらの実現は、NPOやNGOによる広報や啓蒙活動だけではまったく不十分であることが、これまでの経緯からもはっきりしています。そこで頼らなければならないのが、金融の力です。

（3）現実の軌道修正のために期待される金融の役割

「3つの循環」と「金融の循環」

これまでの「3つの循環」の話の流れで、最後に「金融の循環」に触れましょう。

岸田氏は、産業の血液として金融の必要性は認めているものの、あくまで金融は虚構であり、複利での膨張を続けることによって虚構が実像から乖離することから、金融の循環を脅威として見ています。金融に対する警戒感には、アリストテレスからはじまってソディ、ジョージェスクーレーゲン、デイリーそして岸田氏にいたるまで、共通した厳しさがあります。

金融が産業循環の拡大を手助けしているだけでなく、金融の循環そのものが、産業や物質・エネルギーの循環から独立して自己増殖してしまった経緯を見れば、こうした批判はもっともです。また、金融資産の収益率が複利的に貧富の格差を拡げてきたことも否定できません。

たとえ嫌われていても金融は必要

私も「金融は必要であるが脅威である」という点に共感を覚えます。しかし、金融を否定することは現実的ではありませんし、金融の膨張を厳格な規制のみで縛ることも、過去の経験から困難といえます。つまり、金融を敵視している限りは根本的な解決が望めないと私は考えます。

金融は諸刃の刃です。懸念されているように自己増殖してしまえば金融危機による調整局面を余儀なくされますし、うまく使えば経済活動が円滑に行きます。毒にも薬にもなる存在です。しかも、その影響力は「産業の循環」を上まわるところまできています。

「必要悪」から「必要善」へ

そこで、金融の毒素を薄めること、つまり安定性をもたらす工夫をすることを考える必要があります。そして、影響力の大きい金融の力を、社会・経済を持続可能な方向へと引っ張る牽引力として活かすことを考えましょう。必要悪から必要善にできれば、3つの循環のバランスにうまくフィットするはずです。

金融は経済に対して、インセンティブ付けというはたらきかけをします。これによって、経済活動における選択や資源配分が変わってきます。そしてその結果として、経済や社会の構造を変えてしまう力をもっています。

経済は金融なしには円滑な運営ができませんが、同時に金融からの「コントロール」下にあると考えていいと思います。企業が金融市場や金融機関から資金を調達すれば、資金の出し手である投資家や金融機関は、自らが拠出した資金が自らの意図とおりに活用され、自らの思惑どおりに戻ってくることを意図して、「規律付け」を企業に対して行います。これこそが、コントロールです。この金融の力を借りなければ定常経済や持続可能性の実現などは不可能であると私は思います。

第3章においては、株式市場からの圧力が、株主構成の変化をともないながら日本の雇用慣行にかかわる構造変化をもたらし、これが景気や、人々がかかえる先行きの不確実性にも大きな影響をおよぼしたことを取り上げました。それは、金融の影響力の大きさを表す一例でしかありません。

「仏教ファイナンス」による構造改革

図表5-1は、私が描く定常社会・経済の道筋を俯瞰《ふかん》した概念図です。

この図の頂点にある「持続可能な定常社会・経済の実現」に到達するためには、「国際社会・人々の価値観の変革・経済主体の

図表5-1　仏教ファイナンスが実現する持続可能な定常社会・経済のコンセプト

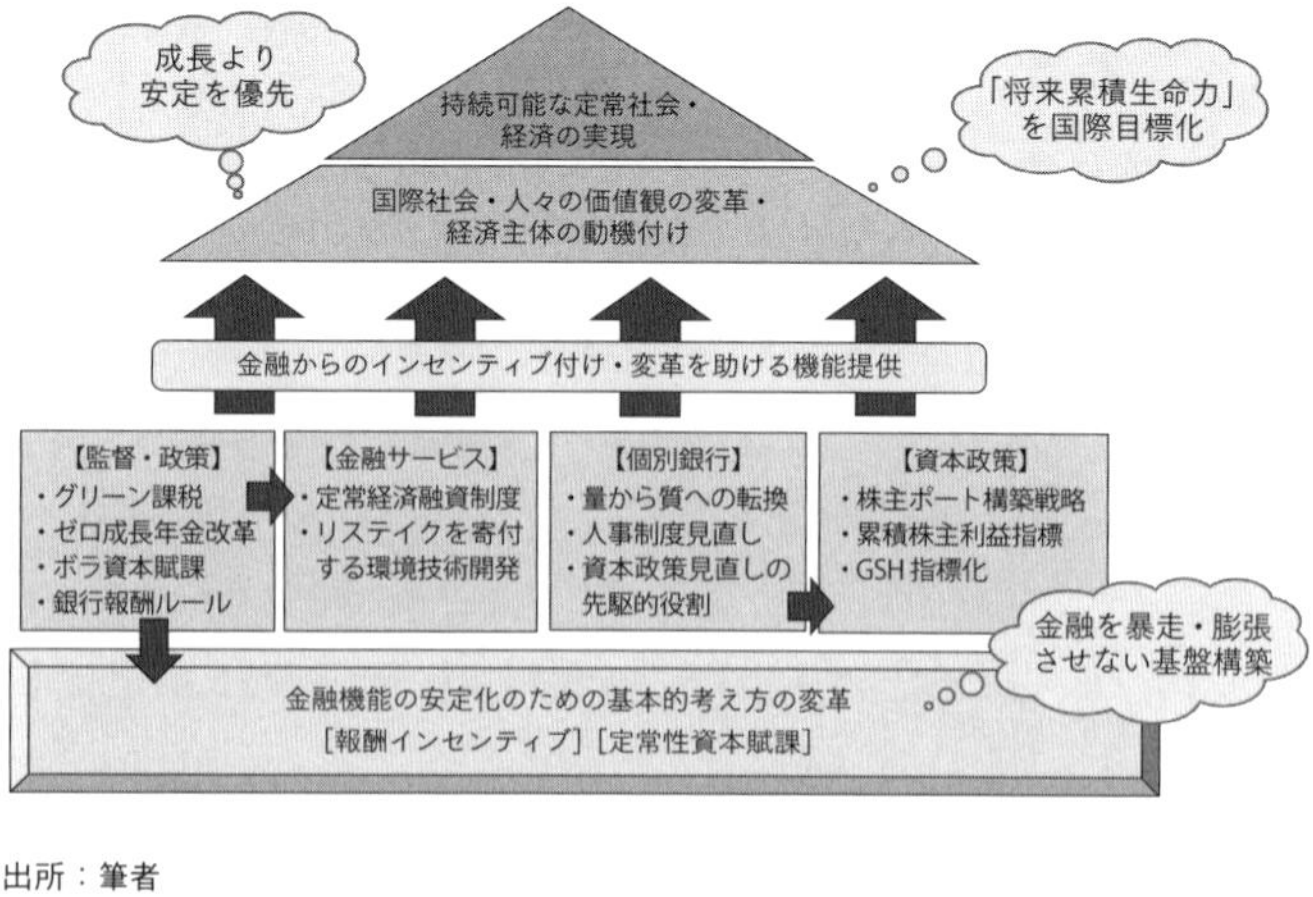

出所：筆者

動機付け」が必要です。すでに述べたとおり、価値観の変革を広報活動で成し遂げることは至難の技です。

これには、国際社会が、経済政策と地球環境政策を同次元で議論することが不可欠です。たとえば、図にある「将来累積生命力」の国際目標化です。

将来累積生命力については第2章で説明しましたが、ようするに、私たちの子孫が繁栄を続ける期間を、その期間に生活する人口で掛け合わせた積分値のようなものです。経済活動による環境の負荷が大きくなれば、環境が生態系を支える能力が低下するとともに、将来の人類を支えるための環境資源を「先食い」してしまうことになりますので、この指標が低下することとなります。

グローバル・リーダーたちが高い意識をもって、こうしたフレームワークをつくりあげてくれれば楽ですが、政治家は自国経済に大きなプライオリティを置くため、簡単ではありません。そこで、民間企業や普通の人々が先行して行動や意識パターンを変えていくことが必要です。

この図の中心に「金融からのインセンティブ付け・変革を助ける機能提供」があります。金融は、投資家や銀行の行動を経由しながら、経済主体の向かう方向に影響を与えます。規律付けは、資金の出し手が取り手に与える圧力であり動機づけです。これが経済主体を動かす原動力となります。この原動力を、持続可能な社会に導くためのインセンティブ設計を、金融に担わせるわけです。

持続可能性を高める方向での、金融から経済主体への規律付けには、金融規制や財政・税制などの政府のサポートも必要です。そして、政府のサポートは循環します。金融が政府のサポートをともないながらうながした企業・個人の行動や価値観の変革は、国民からの付託を受けた政府の行動規範をも変えるからです。

金融がきちんとこの役割をはたす大前提として、金融の暴走を防ぐ必要があります。金融そのものに持続可能性をもたせなければ、金融からのインセンティブ付けで経済を持続可能な方向に向かわせることは不可能です。

すでに世界の金融当局は、巨大金融機関に対する監視に重点を置きながら、金融システムの安定化に資するような重層化された厳格な規制を構築してきました。しかし、規制が規制逃れのイノベーションを生む歴史は前に説明したとおりです。そこで、金融機関の行動原理を変える工夫が必要になります。これが図の底辺の部分になります。

この大前提を確保すれば、あとは経済主体へのインセンティブ付けのための制度設計です。これには政策的サポートが不可欠です。具体的には「金融サービス」「個別銀行」「資本政策」の項目に分けられます。そして、左端にある「監督・政策」がこうしたはたらきをサポートするかたちになります。

詳細は後述しますが、たとえば「リスクテイクを寄付する環境技術開発」についてのみ触れましょう。先端的な技術開発プロジェクトで実現に長期を要する、あるいは成功確率が低いなどの理由で資金調達が難しい場合に、貸し倒れや投資損失の可能性を甘受しながら銀行が投融資を行うものです。損失蓋然性が高まった段階で無税償却（課税所得から控除）が可能なほか、利益が発生した場合も課税所得に加算されない設計を考えています。

こうした金融の枠組みを使った定常社会・経済に向けた手法の全体を、私は「仏教ファイナンス」と名づけます。

仏教ファイナンスは、共生や利他といった基本理念をよりどころとしながら、規制やコードを通じて市場メカニズムのなかで金融を健全な方向に導く試みです。金融は必ずしも悪ではありません。金融が経済に対してこれまで有効に作用してきた規律付けや、インセンティブ機能は、社会を変革する方向へはたらけばきわめて力強いドライバーとなります。

2　定常社会・経済に導く「仏教ファイナンス」

(1)「仏教ファイナンス」というネーミング

唐突に「仏教ファイナンス」という言葉が出てきてとまどわれたかもしれません。仏教ファイナンスというネーミング自体、宗教色が濃いものとして抵抗感をもたれた方もいると思います。しかし、私には「仏教ファイナンス」という呼称にこだわりたい理由があります。

第一に、共生・知足・利他、そして正しい道など仏教の基本哲学が、金融そのものを適正化させることに必要だからです。レインハートは、キリスト教は戒律型のため戒律を逃れる方便を探す動機を与えてしまう一方、仏教は正しい生き方の求道であるため根本から外れることはないと述べました。

「金融規制」を「戒律」と読み替えれば、規制が意図する基本思想から実質的に外れていたとしても、規制逃れの行為が規制条文に名目的にそったものであれば問題ないということになります。

仏教の精神に基づき、正しさを求めるのであれば、こういった規制のループホール（穴）探し自体が信義に反する行動となります。

第二に、こうした仏教の考え方が持続可能性に必要なことは、シューマッハーの仏教経済学においても、またデイリーの定常経済の考え方にも合致するからです。

正しく生きること、足ることを知ることは、現代経済学や金融論では出あえない発想です。

第三に、大きな改革を行うときは、それを強力に推進する一貫した哲学が必要だからです。イギリスで堅実かつ健全な経営を続ける銀行「ホーア」の方針に深く反映されていることからも明らかなとおり、仏教の思想はキリスト教経済圏でさえ、心に訴えかけるところが大きかったと思います。

あえて仏教ファイナンスとよぶことにより、仏教の基本思想である、戒律より正しく清らかな生き方を目指す姿勢を、金融に浸透させる重要性を強調したいと思います。

（2）仏教ファイナンスの基本的な構成

「仏教ファイナンス」は、特別な金融手法や分野を示す言葉ではなく、経済や社会の仕組みを持続可能なかたちへと変えていくために活用する金融の役割を総称するものです。後ほど具体的な方策を提案しますが、目新しいものではないものも含まれています。また、常識を覆すようなものも同様に盛り込まれています。

しかし、それらの方策や指針は共生・知足・利他・正しい道といった仏教の基本思想、そして日本的な中庸と人としての矜持という発想に一貫して基づいています。

基本的な枠組みは、次節以降登場する「仏教ファイナンスと行政」「仏教ファイナンスと資本市場」「仏教ファイナンスと銀行」の3つの柱から成ります。

「仏教ファイナンスと行政」では、政策的な観点からの方策を列挙しています。具体的には、金融に中庸の精神を注ぎ込む金融規制、環境投融資を刺激する税制、マイナス成長を前提とした年金制度、そして将来世代への公平性を担保する時間軸を踏まえた分配政策を示します。

「仏教ファイナンスと資本市場」は本書の中核的な提言の部分です。株主構成を会社の長期的経営方針に合致させる株主ポートフォリオの最適化、ステークホルダー間のバランスを考えた経営指標などを議論します。

最後に「仏教ファイナンスと銀行」では、持続可能性を高めることに資する金融サービスの提供、銀行のあるべき姿の再確認などについて考えていきます。

3　仏教ファイナンスと行政

（1）金融の「ほどほど」化

規制・監督の取り組みと、その限界

「経済主体に対する持続可能性に向けての規律付け」という立派な使命をはたす前提として、まずは銀行の経営自体の持続可能性と安定性を求めていかなければなりません。

しかし、このテーマはバーゼル銀行監督委員会の40年近くの歴史、とくに2009年以降、かなり集中的に議論されてきたものです。にもかかわらず、金融システムの安定性を永続的に維持できるような規制・監督の仕組みをつくることはきわめて難しいことが認識されています。

これまでの規制のあり方について、現在においてももっとも有力な規制手法は自己資本比率規制です。

2010年に成立したバーゼルⅢの枠組みからは、自己資本比率について「リスクベース」と「ノンリスクベース」の二本建てとなりました。

前者は旧来型の自己資本比率で、リスクの大きさによってウエイト付けされたリスク資産と自己資本との対比で決まります。

後者はレバレッジ比率とよばれていますが、リスクの大きさを無視して名目的な金額で表された資産合計と自己資本との対比となります。この二本建てとなった背景に、規制の限界が表れていると思います。

リスクの大きさを測る主体は、基本として銀行自身です。また、一定の条件下では格付機関の格付けの使用が認められています。

そのなかで、自己資本比率をよく見せる、あるいは規制の制約下でより大きな収益源となるリスクを追求するといったインセンティブが銀行に出てきます。当然、銀行が決めたリスクのウエイト付けには監督当局のモニタリングがかかりますが、万能ではありませんし、また規制上の定義を守りながらリスクの大きさを低く見せる数々の「イノベーション」が行われた歴史もあります。そこで、リスクの判定を行わなくてすむレバレッジ比率も重視するようになりました。

しかし、レバレッジ比率の長所は致命的な欠点でもあります。レバレッジ比率の規制上の下限が10％と仮定しましょう。ある銀行の自己資本が10であれば資産を１００保有できます。リスクの高い資産でも低い資産でも構成内容は関係ないので、期待収益を高めようと思えば高リスク資産に集中するでしょう。

そのためにリスクベースの自己資本比率規制が存在するといっても、リスクの尺度が安定しない以上は、銀行のリスクを高めるインセンティブを排除することは困難です。

経営者のインセンティブを踏まえた規制設計が必要

咳の激しい人に咳止めを与えるのは、必ずしも正しい処方ではありません。人間の体は、生命の維持のためにさまざまなシグナルを出しますが、発熱や咳などもなんらかの根本的な原因が存在するサインなのです。咳の原因（たとえば肺に留まっている病原菌）を取り除かなければ、健康を維持することはできません。

金融も同じです。銀行が小細工を講じて規制逃れをする動きがあれば、これを封じる規制改革を施します。このような対症療法的な規制対応は、銀行の規制逃れイノベーションの後追いになるため、金融システムの安定性が壊れてから新しい規制をつくるこれまでの流れを変えることはできません。

そもそも、銀行はなぜ規制の穴を探してまでリスクを取ろうとするのかを理解する必要があります。そのインセンティブの背景には、利益拡大への欲求があります。そして、利益拡大への欲求は、株主からの利益成長への圧力（規律付け）と、これに関連した経営者の利益と株主利益の同方向化があります。これは、第3章で説明した誘引両立性（株主と経営者の利益を一致させることで経営者が株主利益に反した行動を防ごうとするもの）のためのストックオプションなどによります。

そこで、ここでは二点解決策を提案します。

収益のボラティリティに応じた資本賦課

第一に、導入しやすい規制案です。具体的には、収益の安定性に応じて必要な自己資本の量を決める規制です。やり方はいろいろと考えられますが、一例としては次の仕組みがあげられます。

銀行がなんらかのリスクをかかえているときに、それに対応して自己資本を多く積ませる要求のことを「資本賦課」といいます。

具体的には、銀行がかかえるリスク量が多いほど、先ほど説明したリスクベースの自己資本比率におけるリスク資産が増えます。つまり自己資本比率が低下します。銀行の当期利益の変動幅（ボラティリティ）に応じて、このリスク資産を増やすという方法です。利益の変動率が高ければ高いほど、自己資本比率が低下するため、経営者は利益を安定化させようとするでしょう。

実質的にリスクの高い投融資を続ければ、よいときは高収益を上げますし、失敗すれば沈みます。このため、利益の安定を図るためには規制上のリスクの大きさではなく、実質的なリスクに気を配る必要が出てきます。

「欲」の調整

しかし、この試案についても、利益を安定しているように見せかけるテクニックが開発されるかもしれない、そう思う方もいらっしゃるでしょう。そこで、ハードルは高いのですが、根本的にリスクテイクを「ほどほど」にするもう1つの案を紹介します。この案は、私が2010年に『銀行の罪と罰』[61]で提案したものです。

基本的な仕組みは、銀行経営者の報酬体系にかんして、1つのゲームのルールを入れることです。

経営者は、ストックオプションなどの報酬により利益を拡大して株価を引き上げ、懐に

61　野﨑浩成『銀行の罪と罰』蒼天社出版、2010年

入ってくる報酬を増やすインセンティブがあります。

ストックオプションという報酬には、「非対称性」の特徴があります。リスクテイクに成功して株価が上昇すれば、株価上昇の度合いに応じて青天井の報酬に浴することができます。一方で、失敗したときは株価が上がらず報酬はゼロとなりますが、マイナスになることはありません。よいときは青天井で、悪いときでもゼロという非対称性のため、リスクテイクにいそしむ動機づけとなります。

ストックオプション自体を禁止すると、経営を改善するインセンティブも奪いかねないので許容することとします。そこで、同時にストックオプションと同額の、劣後債の購入義務を課します。劣後債は、銀行が破たんしたときに、預金やその他の負債の返済よりも劣後して返済が行われる銀行が発行する社債です。過度に高いリスクに挑戦する場合、銀行の高収益の確率とともに破たんのリスクも高まります。このため、自腹で購入した劣後債の価値はなくなり損失、つまりマイナスをこうむります。

ストックオプションと劣後債の組み合わせより、「報酬の非対称性」は解消されることとなります。この仕組みにより、経営改善への貪欲さと「知足」のバランスを確保できます。

ストックオプションが仮に供されても、日本の銀行の多くの経営者は経営的なギャンブルを行う人はいません。これは、「ほどほど」の経営を行う中庸の思想と、強欲になることの醜さを踏まえた矜持を備えているためであると思います。

もちろん、日本でもこういった価値観を共有しない人もいるでしょうし、とりわけ欧米の銀行経営者に対しては「ほどほど」に導く価値観を強制することもできませんので、ここで述べたようなゲームのルールを取り入れることが重要だと思います。参考までに、経営陣が取るリスクの大きさに応じて、期待報酬がどういった水準となるかを示した概念図

図表5-2　劣後債を取り込んだ経営者報酬のデザイン図

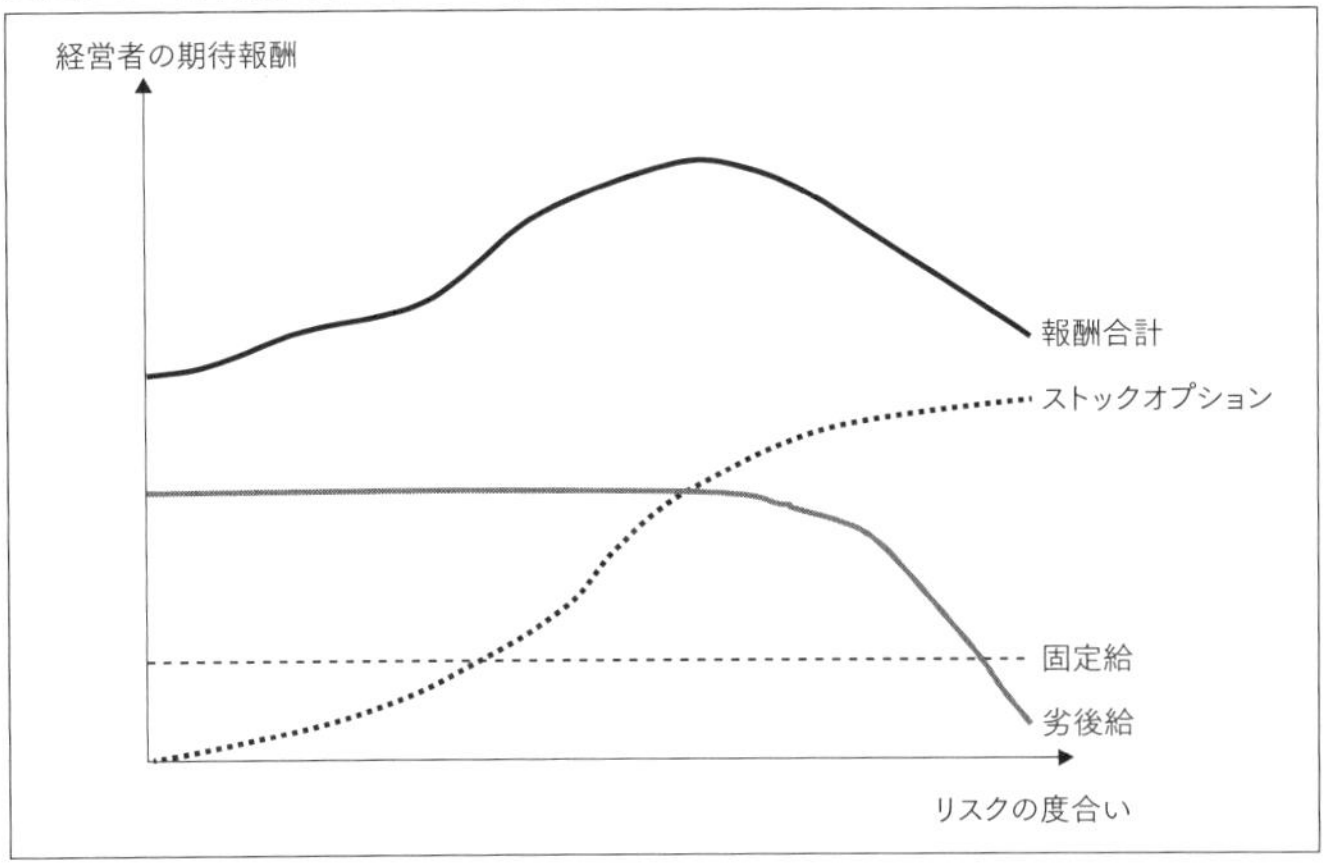

出所；筆者

が図表5-2です。

（2）税制・補助金による環境インセンティブ付け

環境税制・補助金と、見直しの余地

持続可能性に向けた政策的な減税や課税は、新しい話ではありません。環境関連の税制としては、炭素課税のように二酸化炭素排出量に応じたエネルギーに対するペナルティ型の課税と、エコカー減税のように環境に優しい設備や機器の投資・購入・維持に対する投資促進型の減税が、それぞれ時限措置として導入されています。こうした動きは主要国では積極的に実施されていて、炭素課税などは日本より重い税率が用いられている国も多いのが現実です。

環境関連の税制は、地球温暖化対策、生物多様性保全、循環型社会促進の3つの目的に応じた措置が複数あります。たとえば、地球温暖化対策としてはエコカーやソーラー投資

関連の減税や化石エネルギー課税、生物多様性の保全としては国立公園などにかかわる固定資産税の非課税、循環型社会促進としては廃棄施設の非課税措置などが存在しています。

つまり、政府としても、税制のインセンティブ機能を活用した環境配慮型の措置を施してはいるのです。しかし、税収的な制約もあるほか、所管省庁からの税制改正要望に応じた縦割り型の時限措置となっているため、環境政策として優先順位に基づくトップダウンの対応は残念ながら行われていません。対症療法的でパッチワークの制度設計となっているため、戦略的に持続可能性を高める政策対応を行っているとは思えない現状です。

図表5-3　二酸化炭素排出量1トン当たりの課税状況ガソリン（円）
～2016年6月末現在

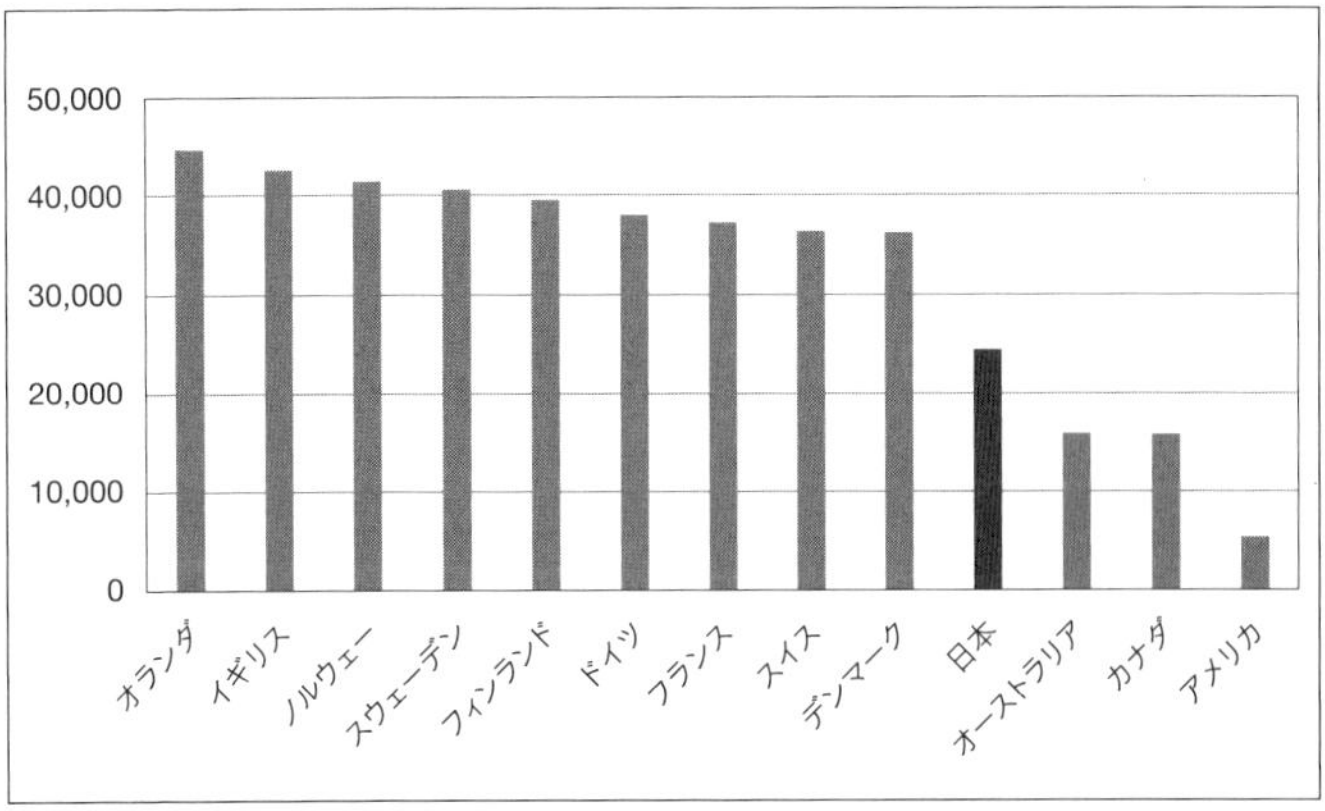

出所：環境省総合環境政策局環境経済課資料（2016/9/5）に基づき筆者

また、エネルギー課税に対する日本の税率の低さも指摘できます。図表5-3は、さまざまな種類のエネルギーに対する課税についてガソリンを例にとってあります。これは、二酸化炭素排出量1トン当たり日本円でいくらの課税が賦課されているかの国際比較です。各国で税制が異なるため、あえて炭素税のみを抜き出すのでなく消費税を除く税目を合計したものとお考えください。

アメリカの低さは一目瞭然ですが、日本も、ヨーロッパ諸国にくらべるとかなりの低水準です。この傾向はガソリンばかりでなく、天然ガスなど、その他のエネルギー品目にも共通します。1つの背景としては、エネルギー本体の価格が高く産業競争力などを考えて水準を上げにくいことがあげられます。

これらを総合的に考えると、縦割り行政のアプローチではなく、政府として、全体を見わたした環境（温暖化防止、生物多様化、循環型社会）対策の課税・減税制度のデザイン修正の余地があります。また、温室効果ガス排出量についても、コントロールを強める税制の見直しも必要ではないかと思います。

金融サービスによる環境支援に向けた政策サポート

このほか、政府は環境関連融資に対する利子補給も行っています。

これは環境省が所管する地球環境の保全・改善に資する事業を金融面から支えるための制度です。このような事業の必要資金調達を貸出や社債などで行った際に、金融機関に支払い利息を国が補助するもので、借入金利の３分の２か１％のいずれか低い利率が国からの補助対象となります。

この制度を利用するためには、まず銀行が環境庁からの認定を受ける必要があります。そこでは、銀行、あるいはそのパートナーが環境事業として適格かどうかの審査を行う能力などが前提となります。事業者は、各銀行独自の審査に基づき環境格付を取得することが求められ、そのうえで「原単位当たり二酸化炭素排出量」を5年以内に5％以上削減すると誓約した会社に「地球温暖化対策資金」にかかわる貸出金利を利子補給するものです。

２０１４年度に公表された統計では、50金融機関が環境格付融資を取り扱い、２００８年度からの5年間で、累計２７００件強で１・６兆円が実施されています。この制度の利用では一部の地方銀行が顕著な健闘を見せる一方で、取り組みが散発的であるところも数多く存在するのが現実です。

こうした地道な取り組みも大切なのですが、いかんせん、個別企業のミクロ的な貢献の蓄積で全体に対するインパクトは大きくないのが実情です。また、借り手にかんしても、一定程度の財務内容や業績が求められるため、利子補給を受けなくとも十分に環境改善の事業が遂行できる企業も少なからず含まれています。

そこで提案したいのが、後に取り上げる、「実利的ではない銀行のリスクテイク」を応援する税務的な取り扱いです。

大学内ベンチャー、産学協働、純粋民間事業の種類を問わずさまざまな技術開発が進んでいますが、資金的な支援を受けられるのは経済的事業価値があること、つまり事業として採算が取れることが必要条件であり、開発案件としての成功確率や主要取り組み主体のトラックレコードなどが十分条件となる、狭き門となっています。

環境事業は、ビジネス的に採算ラインに乗るものが必ずしも多くないものの、技術が花開けば「産業の循環」と「エネルギー・物質の循環」の調和へ一気に導くテクノロジーの開発可能性も出てくるかもしれません。

その可能性を残すためにも、「儲からない技術開発」に対する金融サポートが重要となってくるでしょう。

詳細は後述しますが、こうしたハイリスク・ローリターンの金融サービスを銀行などが行えるような税制面からのサポートを期待したいと思います。

（3）　定常経済で社会保障はどうなるのか

社会保障制度の２つの問題

年金などの社会保障制度の問題は、それだけでこの本の一部で取り扱うには大きすぎる問題です。ここでは、そのなかから、持続可能性の観点からいくつかの問題に絞って考えたいと思います。

第一に考えられるのは、修正賦課方式とよばれる現在の制度設計です。年金は、自分（あるいは雇用主）が支払った年金保険料を元手にして運用された果実を、それぞれの人が支払った実績に基づいて年金支給される積立方式と、毎年支払われた年金保険料がその年の年金支給額に充当される賦課方式があります。

簡単に述べれば、後者は現役世代が引退世代を支える方式です。

日本は、基本は積立方式の考え方が原点ですが、少子高齢化の進展と支給額を決めていたときの経済前提などと現実のギャップなどから、引退世代が過去に支払った保険料では賄いきれずに、現役世代の保険料を充当せざるをえないということで、修正賦課方式とよばれています。

少子高齢化がさらに進むことを考えれば、現役世代が本当に年金を受給できるかを不安視するのは当然で、それが不払い問題につながっています。

第二は、年金支給率の問題です。年金の支給額は、物価上昇率や経済成長などの経済前提をもとに算定、随時見直しされますが、デフレが続いている局面では想定した支給必要額を超えた支払いが実施されます。

それだけ聞けばよい話なのですが、物価上昇や経済成長がかなえば年金の運用利回りも高くなるので、一件落着とはならないのです。年金の運用利回りは、経済の低成長もあり、金融資産全体の期待収益率低下の流れに抗うことができません。その不足分を税負担で補う以外はないでしょう。

高い金利が世代間所得分配を不公平に

以上、２つ大きな論点を取り上げましたが、そこには共通の原因があります。「金利」の問題です。[62]

金利水準が高ければ高いほど、現在の価値を将来に引き直したときの価値が過大評価され、逆に将来の価値を現在に割り引いた場合の価値を過小評価してしまう点について、何度か説明しました。また、将来の利益を先食いしてしまうことに正当性を与えるのも金利です。

じつは、年金の問題はこの点に帰着します。年金という視点からすると、現役世代は将来の受給者で、引退世代は現在の受給者です。ここで、世代間の年金をめぐる所得配分の

62　第一の問題は、運用だけではなく余命率などの前提にも原因はあるが、やはり運用利回りと経済前提は表裏一体であり、第二の問題と共通の背景があるといえる。

いびつさが露呈します。第一に問題として取り上げた「賦課方式」の色が濃くなる背景は、想定以上に経済が停滞し、物価が下落を続けたことです。それと、同時に高い金利、つまり運用利回りの設定による正当化があります。高い金利の前提を設けたのに、これが遂げられなかった場合のツケは、その次の世代が保険料や税金のかたちで負担せざるをえなくなるのです。

つまり、誤解を怖れずに実質的な結論をいえば、高い金利前提が世代間の所得（資産）分配の不公平さをうながしたのです。

マイナス金利を機に是正へ向うべき

自然利子率のとらえ方のところでも述べましたが、ゼロ金利やマイナス金利は（金融危機や景気後退への政策的意図はあるとしても）、経済成長の停滞や成熟化の反映です。それとともに、世代間の所得分配を再考すべききっかけを提供するものでもあります。

とくに、定常経済をある程度念頭に置くのであれば、なおさら経済成長の不在とこれに応じた運用利回り、そして年金支給率を考えるべきでしょう。

そこで、３つの提言をしたいと思います。

第一の提言は、受給資格者に対する支給額の見直しです。既得権者に対して支給額の見直しを迫ることは、政治的にきわめて高いハードルではありますし、年金受給額を約束されているということは、国から将来の財産を約束されているも同然であるため、憲法で保障されている財産権の侵害にあたるおそれがあるなどの懸念はありますが、現在選挙権を有していない世代を含めて長い時間軸での公平な分配を考えるのが政治の役割であると考えます。

第二に、マイナス金利を踏まえた期待運用利回りの設定です。支給額のキャッシュフローから運用利回りを逆算するのは、問題の先送りでしかありません。

第三に、年金制度の構造的な見直しです。日本では、いまだに確定給付型の年金が年金制度の大半を占めているため、運用が予定どおりにいかなければ、その不足分は税金負担（企業年金の場合は企業負担）となります。マイナス金利であろうがプラス金利であろうが、運用実態にあわせた支給が確定拠出型の年金です。確定拠出年金制度は税制の見直しもよい方向に向かってはいますが、制度的にはまだマイナーな存在です。ここを、国も企業も含めて抜本的に見直す時期がきています。

これらの提言に補足して、これらが実現した場合のセーフティネットの必要性もあわせて述べておきます。

さまざまな所得を合算して、最低限の所得を下まわった場合の所得補てんを保証する「ベーシックインカム制度」です。たとえば、局面的に厳しい運用環境で確定拠出年金を運用せざるをえなくなった場合、生活に足る水準の年金を受給することができなくなる怖れもあります。こうしたもしもの場合に備えて、国民的な合意に基づく最低所得の水準を設けておく必要もあるでしょう。

4 仏教ファイナンスと資本市場

（１）株主ポートフォリオ最適化戦略

求められる刹那的な経営判断

今、株式を保有していて、自社株買いを要求する株主がいるとします。めでたく自社株買いが実施され、株価が上昇したところでもっていた株式を売却して利益を確定するかもしれません。自社株買いで使ってしまった資金は、本来であれば長期的な会社の経営の安定に役立てられたかもしれません。

こうした場合、現在の株主と、将来のいまだ見ぬ株主との間でのコンフリクトが発生します。しかし、法的にもガバナンスの考え方からも、現時点での株主の利益に即した行動は経営者に求められることです。

この構造は、現在世代と将来世代の地球環境の持続可能性の議論と似ています。経営者が重きを置くのは現在世代である現在の株主ですが、会社がゴーイング・コンサーン（継続企業としての前提）である限りは、本来的には将来世代である未来の株主の利益までを鳥瞰《ちょうかん》して、最適な経営判断を行うべきだろうと思います。

私は長い間、日本や海外の資本市場に身を置いていて感じたことがあります。それは、会社のパフォーマンスが3カ月ごとに判断され、しかもそれまでの累積ではなく3カ月間という短い期間の業績を評価される傾向が強いということです。これは市場型金融商品の特徴でもあります。市場主義が徹底される環境では測定可能な時間軸で「値洗い」、つまり時価評価をされます。

会社の場合は四半期ごとに業績が出るので、3カ月前を発射台として、この3カ月間の業績を「時価評価的」にチェックされるわけです。

このような短期評価主義と持続可能性を踏まえた会社経営の間にコンフリクトが生じるのは当然の結果ですし、これに心を悩まされる経営者が、とくに日本において多いというのが私の実感です。

心ある経営者の悩みを解消するには

そこで、私は「株主ポートフォリオ最適化戦略」を提言します。

投資家がさまざまな金融商品を組みあわせてポートフォリオを組みますが、ここで提案するのはその逆です。投資家が会社（株式の銘柄）を選ぶのではなく、会社が株主を選ぶという考え方です。

短期的な利益を追求する株主の意見に迎合することにより、長期的に将来の株主の利益を損なわないために、長期的な経営ビジョンと戦略を構築し、これを具体的かつ詳細に開示します。その場合には、短期的な株主に対する配慮は無用で、配慮をにじませるような糊塗された表現は排除すべきです。そのときに、イメージ的には長期的な株主利益の積分値のようなものを心に描いておくべきでしょう。

その結果として、自社株買いをあと5年は行わないなどの、株主を怒らせるものが含まれるかもしれません。意にそわない株主は保有株式を売却すると思います。株価も短期的には下がるかもしれません。しかし、残った株主、そして長期ビジョンに賛同する株主は存在するはずです。

株主ポートフォリオ最適化戦略の効用

この思いきった経営行動により、経済学的にもたいへん素晴らしいメリットが享受できます。「エージェンシー問題」の解消です。

通常はプリンシパルである株主が、エージェントである経営者を選んで経営を委ねるわけで、その場合にはきちんと経営してくれるかどうかの不確実性があり、これがエージェンシー問題とよばれます。しかし、この提案では、エージェントがプリンシパルを選択するようなものなので、プリンシパルにとってエージェントが意にそわない行動をするリスクは一気に低下します。

たとえるなら、腕のいい鮨屋が、香水をつけた人や酒を注文しすぎる行儀の悪い客を出入り禁止にするようなイメージでしょうか。経営者は自らの長期的なビジョンに自信をもつべきでしょうし、逆にしっかりした株主をよべるだけの、しっかりした経営戦略を構築するという意味では、従来型の経営以上に緊張感が増すかもしれません。

また、価値観を共有化する株主を確保することによって、他のステークホルダーとのバランスもよくなります。長期志向のマネジメント方針により、非正規雇用から日本的雇用慣行の復活を図ることも可能です。これが浸透すれば、日本も雇用上の不確実性が低下し、構造的な問題も解決します。これこそ社会と経済の持続可能性を高める面からも大きな効用と見ることができます。

なお、ここで誤解のないように申し上げれば、私は、昔ながらの終身雇用に賛成なわけではありません。正社員として採用して、しっかりしたトレーニングを受けさせて安定した雇用基盤と労働力供給の両立を図る点は重要です。しかし、同時にアメリカ型の人事システムも取り込むべきでしょう。実力・実績主義に基づく人事政策は年功序列制よりも、組織を活性化させます。また、人材市場の流動化による転職市場の充実も、労働機会の多様化の意味では不可欠であると考えます。したがって、アメリカ型の人材システムを取り入れた日本型の雇用スタイルがいいと思っています。

さらに、長期的な経営の安定性が得られれば、債権者にとっても安全性向上といったメリットがもたらされます。これにより負債コストを低減することも可能です。

この結果として、効率性に過度に偏った経営を是正し、長期的に安定した経営基盤（人材、資本、負債、社会）を構築することが可能となります。こうした企業が増えれば、日本の、あるいは世界全体の家計がかかえる不確実性が低下し、働くことの満足と安心が持続的に確保される社会となることにつながります。

金融によるインセンティブ付けは、マクロ的なトップダウンで効果を発揮するものではなく、個々の企業や投資家の行動がじわじわと集積しながら全体の変化へとつながるものです。日本の雇用が変わってしまったのも、個別企業と投資家との関係の集積です。これをプラスの方向に導けば、金融が社会・経済を持続可能な方向へと導くことが可能となるのです。

自律的に「ホーア」的経営が可能に

イギリスの老舗銀行ホーアは同族経営であるため、所有と経営の分離によるコンフリクトに悩まされることなく、理想と長期的視点に立った「良い経営」が遂行できています。そこには顧客数や利益、資産といった計数的成長はありません。しかし、安定的な利益を金融危機の間も出し続けることが可能です。

日本の江戸時代からこうした経営がいまも続いているのは驚きですが、株主ポートフォリオをつくることにより、ホーアのような経営が可能になるのです。

何を経営的な価値観の中心に置くのかは重要なテーマであり、その価値観がステークホルダーの間で共有できるようなホーアの経営は理想に近いものがあります。ただし、そのような株主に甘える経営であってはいけないことも認識すべきでしょう。長期的な理想に外れるようなことがあれば、株主から甘んじて糾弾を受けるべきです。

地銀ではこんなこともできるはず

企業として長期的な持続可能性を、顧客、社会、市場、株主からサポートされるような例として、日本の地方銀行を取り上げましょう。

地元に根を張った地銀は、利益成長や株主還元を強く求める海外投資家と、自らが育まれ、また自らも貢献しなければいけない地域の利益との狭間に立たされることが少なからずあります。そこで、最適な株主ポートフォリオを考えます。

地銀のなかには定期的に経営陣が海外投資家を訪問するほか、機関投資家が多く所在する東京における定例的な投資家説明会を実施しているところも多くあります。それは、充実した組織力を擁するメガバンクにくらべて、地銀にとって大きな負担であることはたしかです。卑近な例をあげれば、英文の資料作成なども、事務方にとっては骨の折れる作業負担ですが、より本質的な問題は経営的方向性と株主の要望とのギャップです。

そこで、海外訪問や東京での説明会を取りやめ、地元の個人株主向け説明会を充実させる動きもあります。私は、これが1つの答えだと思います。地元の顧客を株主とすることは、少なくとも2種類のステークホルダーが一致し、その間の緊張関係を緩和させることができます。同時に、その地域におけるコミットメントの深さを理解した、長期志向の株主をよび込むこととなるのです。

(2) ステークホルダー間のバランスを考えた経営指標

利害の偏りの代償

株主、債権者、顧客、サプライヤー、従業員、社会……企業が経済活動を行うなかでの利害関係者、ステークホルダーは多彩で、いずれが不在でも経営は成り立ちません。それゆえ、ステークホルダーのバランスに悩む経営者も多いと思います。ステークホルダーの利害関係の調整と、社会的な持続可能性には、きわめて重要な関連性があります。

利害の偏りは、社会全体の持続可能性を奪います。株式の持ち合いの文化から海外株主の増加による株主構成の地殻変動が、欧米流の株主資本主義の日本における成熟をもたらす一方、絶え間ない効率化経営への圧力は、終身雇用制の終焉と非正規化をもたらした点は繰り返し述べてきました。

フィナンシャルタイムズのトニー・キッペンバーガーは著書[63]のなかで、家族的観念の強い日本的経営からの脱却と、よりドライな利益重視の経営スタイルへと変換をうながし、終身雇用制という欧米からは羨望と揶揄の対象となっていた雇用スタイルも、大きな転換点を迎えたと語っています。これが日本の社会的基盤を揺るがした一因となりました。

株主だけではなく、その他のステークホルダーへの過大な偏りも、同様に副作用をもたらします。ある地銀の経営者は、従業員を大切にした結果が、経費率の上昇になり、これは誇るべきことだと株式投資家向けの説明会で述べて、以来市場からは冷ややかな対応をされた例もあります。

63　Kippenberger, Tony. 'Leadership Styles: Leading 08.04 1st Edition,' Capstone Publishing, 2002

こうしたなかで、ＣＳＲ（Corporate Social Responsibility、企業の社会的責任）を重視する動きも高まり、社会貢献などへの実績を積んで広報活動に活かす会社も増えました。ただし、どの程度の企業が本気で利益利害調整を考えたうえでＣＳＲに反映しているかはわかりません。

会社の使命とは

「会社は誰のものか」というテーマは、堀江貴文氏率いるライブドアがニッポン放送の買収を仕掛けた際に大いに話題になり、社会的な器としての会社組織、そして株式会社の使命について議論を醸しました。

岩井克人[64]氏は、株式会社の構造を「2階建て」として説明しています。

2階部分では、株主が会社法で保証される株主権を通じて会社をモノとして所有する一方、1階部分では、株主に所有されている会社が法人という経済主体として会社資産を所有する構造です。会社は株主のものというアングロアメリカン型の株主主権の主張は、この2階部分を強調したものにすぎず、社会生活のなかでの経済主体としての立ち居振る舞いについては別の検討が必要であると指摘しています。

企業は株主だけの世界では生きていけませんし、長い目で見たときに株主偏重の経営が株主のためになるとは限りません。そこで、この難しいバランスを考えた経営指標を提案します。会社の経営戦略が社会的持続可能性に貢献するためには不可欠な「バランス」に寄与する指標です。

バランスを考えた経営指標～「GSH」

明確な経営目標は、株主をはじめとする各ステークホルダーへのわかりやすいメッセージです。経営が何を重要視していて何を眼中に置いていないか、そういった情報は経営陣の言を聞くより経営計画のほうが明確に表れるからです。

株式市場が重視する指標の代表格は「ROE」（株主資本利益率）です。しかし、ROEは株主へのメッセージでしかなく、ステークホルダー間のバランスをなんら示唆するものではありません。しかも、最長でも5年程度の時間軸で株主資本に対するリターンの考え方

64　岩井克人『会社はだれのものか』平凡社、2005年

を表明しているにすぎません。長期的で安定的な経営の姿を表すには、経済条件などの前提が不安定な以上物理的に困難ですし、反対にＲＯＥへのコミットメントは、長期的な持続可能性とコンフリクトがあるような短期的利益追求に向かう可能性もはらんでいます。

そこで、長期的な経営ビジョンを示す指標として、新たに各ステークホルダーの効用を集積した指標について、ブータンの「ＧＮＨ」（Gross National Happiness、国民総幸福度）にならって総合的な経営目標をかかげることを提案します。

ＧＮＨは国民の幸福感を評価した政策目標ですが、その企業版として、顧客・社会・株主・従業員それぞれのステークホルダーの満足度を示す代理変数を用いた「ＧＳＨ」（Gross Stakeholder Happiness、総ステークホルダー幸福度）[65]という総合的な指標の提案です。

具体的には、株主利益充足度としてＲＯＥと株主還元率、従業員充足度として労働分配率と賃金上昇率（賞与を除く）、顧客満足度としてリテンション率（顧客の取引維持率）とＣＳ（顧客満足度）調査の指標化、社会として社会貢献にかんする金銭換算度と年度利益の割合と企業イメージ調査、これらがが集積されて、総合的なステークホルダー満足度とするものです。

これを高める経営を行えば、それぞれのステークホルダーが満足できる長期的な持続可能性が確保できるのではないかと思います。

さらに、このGSH的な経営指標についての積極的開示を行うことで、「正しい生活」の考えに通ずる「良い経営」の指針とその成果を公にすることができます。こうした活動は、社会的評価をともないながら他企業に波及することで、「温かみのある経営」と、これを世の中への啓発活動につなげるための「グッドマネジメント・ディスクロージャー」への正の連鎖を生み出すこととなるでしょう。

【参考：具体的なGSHの例〜銀行を踏まえて】

一般企業に対する規律付けという影響力がメディア的にも注目される銀行こそが、こうした先鋭的な指標を用いるオピニオン・リーダーになるとよいと思います。そこで、銀行がGSHを指標化する場合の例を考えてみましょう。以下、具体的な指標を示します。

65　筆者の造語である。

※右辺はカッコ内の要素による関数、ｔは年度などの期を表す。

絶対数量の策定

S_t（t期の株主満足度）＝S（〚時価総額〛$_t$、〚配当利回り〛$_t$、〚株価変動率〛$_t$）

C_t（t期の顧客満足度）

＝C（〚メイン口座数〛$_t$、〚顧客当たり預金額〛$_t$、〚メイン企業数〛$_t$、〚外部調査指数〛$_t$）

E_t（t期の従業員満足度）

＝E（〚モデル給与〛$_t$、〚モデル年収〛$_t$、〚離職率・平均在職期間〛$_t$、〚女性在職期間〛$_t$）

R_t（t期の地域・社会満足度）

＝R（〚CSRコスト〛$_t$、〚与信謝絶率〛$_t$、〚納税額〛$_t$、〚地域再生資金供給残高〛$_t$）

F_t（t期の金融システム満足度）

＝F（〚自己資本比率〛$_t$、〚レバレッジ〛$_t$、〚G-SIBスコア〛$_t$）[66]

算定される満足度にかんしては、それぞれの満足度を構成する要素の絶対値の大きさの調整や、重要性に基づくウエイト付けにより調整を行うこととします。そして算定された満足度について全体の総満足度指数に対するウエイト付けを行ったうえで、以下のＧＳＨを算定します。

※各項の計数はウエイトを表し、その合計は1となる。

$\therefore$ GSH_t（t期の総ステークホルダー満足度）$= w_S S_t + w_C C_t + w_E E_t + w_R R_t + w_F F_t$

◇経営目標（絶対数量の改善度）の策定（$\frac{\Delta X}{X}$は変化率を示す）

$$\frac{\Delta S}{S} = \frac{S_t - S_{t-1}}{S_{t-1}}$$

66　G-SIBスコアは、FSB（Financial Stability Board、金融安定理事会）がグローバルな金融システムに重要な影響がある主要銀行の重要度を測定する尺度として開発されたもの。規模、相互連関性（デリバティブ取引などの他の機関との取引量）、代替可能性（市場に対するシェア）、グローバルな活動、複雑性（多様な機能を有するグループ会社を傘下にかかえていること）といった5つの定量的な指標に基づきG-SIBs（Global Systemically Important Banks）を認定する。このスコアが小さいほど、金融システム満足度は高くなるとみなせる。

$$\frac{\Delta C}{C}=\frac{Ct-C_{t-1}}{C_{t-1}}$$

$$\frac{\Delta E}{E}=\frac{Et-E_{t-1}}{E_{t-1}}$$

$$\frac{\Delta R}{R}=\frac{Rt-R_{t-1}}{R_{t-1}}$$

$$\frac{\Delta F}{F}=\frac{Ft-F_{t-1}}{F_{t-1}}$$

$$\therefore \Delta GSH_t/GSH_{t-1}=(w_S\Delta S+w_C\Delta C+w_E\Delta E+w_R\Delta R+w_F\Delta F)/GSH_{t-1}$$

以上のように、総ステークホルダーを有用と思われる指標を用いて策定します。そのうえで、これを経営目標として用いるには、その絶対値を目標としてかかげることも可能ではありますが、数値自体の抽象性が強いので、変化率を目標にかかげるのが適当ではないかと考えられます。

また、以上の例では1年間における変化率を取っていますが、より時間軸の長い経営施策を想定するのであれば、5年や10年の期間をもとに目標変化率として設定し、毎年レビューする方法も有益であると思われます。

(3)　金融市場からではない、運用者からの企業に対する規律付け

温室効果ガス削減をうながす投資団体の動き

機関投資家は、個人から投資信託などを通じて集めたお金や、年金から受託した資金の運用を行っていますが、そのおもな目的は、安定的に高い運用利回りを獲得することです。そのために、投資先企業に対して株主である自分たちの利益に資するような要求をします。これが再三述べてきた金融市場からの規律付けです。

現在では、地球環境保全への意識を高めざるをえない状況となり、金融のインセンティブを形成する源でもある投資家の間でも好ましい動きが出てきています。その背景としては、長期的な地球環境の不確実性が経済リスクとなる蓋然性が認識されはじめたことと、

実務的かつ短期的な事業リスクとして二酸化炭素排出量にかんする課金が企業収益に影響をおよぼす見通しが高まったことがあります。政策的な温暖化ガスへの課金を、機関投資家の投資にも間接的に影響をおよぼす「カーボンリスク」といいます。

こうした環境変化のなかで、温室効果ガス削減などの開示を企業に求めることを活動の1つとする任意団体が、気候変動を意識した国際的な機関投資家たちにより立ち上げられています。フランスやスウェーデンの公的年金を運用する基金などヨーロッパの投資家が中心となって設立された「気候変動に関する機関投資家団体」（IIGCC）[67]や、有名なカルパース（カリフォルニア州職員退職年金基金）など100以上の投資家が賛同するアメリカの「気候リスクに関する投資家ネットワーク」（INCR）[68]などがあります。

投資家による企業への直接・間接的な規律付け

2016年の東京都知事選挙において圧倒的な支持を集めて当選した小池百合子都知事は、東京都のディスクロージャーを最重点施策の1つにあげました。開示することが、当事者の緊張感を高めるとともに公正・適切な行動へと導くからです。金融の世界も同様です。開示レベルを高めることは、有効な規律付け手段の1つになります。

投資家と企業との関係では、2つの経路でこの規律付けがはたらく方向となっています。

第一の経路は、投資家から企業に対する開示要請です。企業に環境リスクにかんする情報開示を求めるCDP[69]というプロジェクトが、主要な機関投資家により2003年に立ち上げられ、世界の主要企業に対して環境リスク対応にかんする質問票を送り、開示と実績の評価を行っていますが、近年では5000を超える企業から回答を受け取っています。このプロジェクトに賛同する投資家は増加しており、1000社近くにおよんでいます。

第二に、第三者のモニタリングによる、投資家自身への規律付けです。NPO団体のアセット・オーナーズ・ディスクロージャー・プロジェクト（AODP）[70]が、保険会社など

67　The Institutional Investors Group on Climate Change
68　Investor Network on Climate Risk
69　Carbon Disclosure Project
70　The Asset Owners Disclosure Project

を含む幅広い機関投資家に対する評価を世界規模で行っています。

このプロジェクトは、対象となる投資家への質問票や公表データに基づき、その投資家がかかえている運用資産にかんするカーボンリスクの状況や運用姿勢などについて評価を行い、その結果を格付けとランキングのかたちで毎年公表するものです。

評価基準は、①透明性、②環境リスクマネジメント、③低炭素投資、④投資先企業への環境的視点からの関与、⑤受益者利益の調整で、ＡＡＡ（もっとも良い）からＤ（もっとも悪い）[71]に格付けされます。２０１６年のランキングのうち上位は次の図表

図表5-4　2016年 AODP グローバル気候500インデックスの上位10社

2016年ランキング	2016年格付け	運用機関	種別	国
1	AAA	The Environment Agency Pension Fund (EAPF)	年金	イギリス
2	AAA	Local Government Super (LGS)	年金	オーストラリア
3	AAA	Fjärde AP-Fonden (AP4)	年金	スウェーデン
4	AAA	Stichting Pensioenfonds ABP (ABP)	年金	オランダ
5	AAA	New York State Common Retirement Fund (NYSCRF)	年金	アメリカ
6	AAA	Pensionskassernes Administration A/S (PKA)	年金	デンマーク
7	AAA	AustralianSuper	年金	オーストラリア
8	AAA	Andra AP-Fonden (AP2)	年金	スウェーデン
9	AAA	California Public Employees Retirement System (CalPERS)	年金	アメリカ
10	AAA	Etablissement de retraite additionnelle de la Fonction Publique (ERAFP)	年金	フランス

出所：The Asset Owners Disclosure Project ホームページ掲載データに基づき筆者

5-4のとおりですが、日本の機関投資家のなかでは、トップが第一生命保険で残念ながら順位は133位、格付けはDでした。

また、機関投資家による運用資産にかんする温室効果ガス排出量の算定・開示・削減に向けた動きとしては、2014年にカナダ・モントリオールで開催されたPRI[72]（責任投資原則）会議で「モントリオール・カーボン誓約」が発足し、署名した機関投資家がポートフォリオの温室効果ガス排出量を毎年算定し、開示することを誓約することとなりました。

実効力のある規律付けの強化を

しかし、こうした活動をより効果的にして、金融から経済主体への規律付けを強化するには、開示の強制力を高める必要と、機関投資家にお金を預ける個人への広報が求められます。

71　情報開示がないため格付けできない場合は「X」という格付け。
72　国連環境計画（UNEP）の金融イニシアティブ（UNEP-FI）などで策定された原則で、多くの企業や投資家による署名による参加がうながされてきた。日本企業も多数参加している。

一部の国では、大量の温室効果ガスを排出する企業に、排出量の報告、開示を義務づけていますが、対象となるのは、こうした開示制度を採用している国や地域における活動のみに限定されるため、全体像がはっきりとつかめるわけではありません。また、投資家団体からの質問状などへの回答も任意であるため、いまだに多くの企業からの開示がなされていないほか、投資家自身もＡＯＤＰへの回答が徹底されていないのが実態です。

開示義務にかんして、より幅広く法的な強制力をもたせる一方で、開示が不十分な企業などの公表を大々的に行うことが重要となるでしょう。

また、投資家や、そもそもの資金の出し手である個人への課税についても、インセンティブ付けする方法もあります。一定以上の格付けをもったファンドや個別投信にかんしては、収益金に対する課税を免除、そして損失が発生した場合は、投資活動だけではなく給与などの総合所得から控除するような寛容な税制が考えられます。これにより、個人などによる機関投資家の選別が強められ、それが機関投資家の投資行動を通じて投資先となる企業の選別へとつながります。

(4) 機関投資家への業績報告をもっと簡素に

投資家からの規律付けのなかで、地球環境に配慮する視点からの持続可能性向上の論点を先に取り上げました。もう1つ、経済活動にかかわる持続可能性の観点から提案したいと思います。

短期化する運用行動の評価

最近、私が感じている運用・投資ビジネスにおける問題点は、パフォーマンス評価の短期化です。実際に資金を動かす機関投資家の背景に存在するのは、年金や投信を通じた個人です。運用を委ねた年金や個人は、経済の停滞による投資収益率の低下のほか、リーマンショックなど経済ショックなどによる損失に直面してきました。

このため、年金などは運用を委託している機関投資家に、パフォーマンスを向上させるよう圧力をかけるとともに、より細かく、より高い頻度での運用状況をモニタリングするようになりました。

これが短期的に収益率をあげようとする方向で、ファンドマネジャーなど運用担当者に圧力としてはたらきます。そして、これが短期的な運用益につながるような方向での投資先企業へのはたらきかけとなるのです。本節では、この問題を企業側からとらえ、株主ポートフォリオ最適化戦略を提案しました。しかし、それだけではなく、運用者やその顧客の意識を変えることも必要です。

目先の運用結果に一喜一憂

年金基金は、そもそも積み立てられた年金保険料を預かって、予定寿命までの長期間の安定的な運用を使命としてかかえています。

最近のメディアの報道でも、ＧＰＩＦ（年金積立金管理運用独立行政法人）の運用結果について、四半期ごとに大々的に報道し、とくにパフォーマンスがさえなかったときには「○兆円の損失発生！」と騒ぎ立てます。年金の本来の目的を考えれば、運用の健全さについての定期的なモニタリングは必要ですが、四半期ごとの運用結果に一喜一憂すべき性格のものではありません。

お金を預けている側が短期的に大騒ぎをして運用受託者に圧力をかければ、機関投資家の短期的な利益追求につながり、投資先企業への短期的な圧力へとつながっていきます。このような循環は、会社経営が目指す持続的成長からどんどん乖離していくのです。

長い目で

そのため、運用成績の公表や委託先に対する報告、運用結果の過度なフィードバックは、大胆に緩和すべきであると考えます。

長期的なリターンを目指すファンドでさえも、短期的利益追求を狙う投資家と同様に、短期的な株価上昇をうながすような圧力を強める傾向がありましたが、このような緩和措置は、長期志向の投資家のスタンスを正常化し、投資先企業の経営の時間軸を長期化することに貢献すると思います。

5　仏教ファイナンスと銀行

（1）持続可能性に向けた銀行の施策

持続可能性に向けての経営戦術・戦略・方針

最後に、金融の主役である銀行について、社会・経済の持続可能性を高めるための役割を考えたいと思います。

銀行は、預金などの資金管理・決済サービス、そして貸出の実行や債券の引き受けを通じた負債性資金の供給を行うことで、経済活動に血液を注ぎ込んでいます。とくに資金の供給者としては、資金を取り入れる経済主体への規律付けが行われます。

もっとも基本的な例としては、反社会的勢力に対する資金供給の拒絶です。社会の秩序を考えれば当然ですが、潤沢な資金源である銀行が供給先を誤ればその影響は甚大です。逆に、社会に対して好ましい効果をもたらす事業などへの投融資は、こうした活動の拡大に大きく寄与します。

このように影響力が大きい銀行ですから、その事業のあり方だけではなく、経営姿勢も周辺の経済主体に影響を与えるはずです。銀行が崇高な理想をかかげて、正しい姿勢を経営に取り組めば、その経営姿勢の裾野は広がる期待がもてます。

本節では、仏教ファイナンスを構成するキープレーヤーである銀行が追加的に取り組む余地のある事業として「リスクテイクの寄付」といった私案を紹介しましょう。

「リスクテイクの寄付」という考え方

少し細かな戦術的レベルの話となりますが、銀行が貸出業務や投資事業などを通じて、持続可能性の向上に貢献する事業案について、いくつか取り上げたいと思います。まずは、「リスクテイクの寄付」という考え方です。

政府の環境保全対策のなかでは、環境格付に基づき融資の利子補給をするという話が出ました。環境保全などに資する事業であることを認証する格付けを銀行から獲得し、そのうえで、一定限度の利子補給を受け取ることで、資金調達上のメリットを受ける仕組みです。この取り組みは、利子補給という経済的メリットと、当該制度の適格事業を行ったという社会貢献にかんする広報効果的なメリットを通じて、企業が環境対策事業を取り組むインセンティブを与えます。

しかし、この貸出制度の主体は事業者であり、事業そのものではありません。

政策的な項目でも少し触れましたが、地球環境に役立つような新技術や仕組みの開発は、社会的重要性は高くても、経済的な利益が見込めないものも数多く存在すると思います。十分な資金供給を金融から得られれば、将来的な地球環境の持続可能性を画期的に高めるような技術の開発が進められる可能性がありますが、資金の後ろ盾がない場合には、世間に知られることもなく失われる「逸失技術開発」となります。政府の予算で、こうした研究費用を賄うことも考えられますが、財政状況を踏まえれば過度な期待はもてません。

成功確率の低い案件や、成功しても採算が取れない開発案件の事業化は難しいため、営利組織である民間銀行が、そこに経済合理性を見出すことは難しいのが実情です。そこで、こうした事業へのエクイティ投資や貸出を、銀行が寄付を行う感覚で実施する制度をつくってもよいのではないかと思います。

エクイティ投資とは、株式などの事業への出資です。事業の成功時には事業からの利益が無制限で享受できる反面、十分な利益が計上できない場合は投資損失となります。銀行がこのような高いリスクの事業に社会貢献の一環として取り組むことができるようになるには、政策的なサポートが必要です。

たとえば、開発技術の事業化の見通しが低いことを前提に、投資額を寄付のように課税所得から減算する案です。一方で、事業化に成功し利益を計上するなどして投資額以上を回復できた場合には、利益を含めて課税対象にするという条件をつければ過度な不公平さは解消するでしょう。

貸出にかんしては、リスク評価に基づく期待損失額を所得控除とします。たとえば、１００億円の貸出を行う場合の期待損失額が30億円とします。貸出当初に30億円を課税所得から減算します。そして、もし元利金が無事返済された場合には、利息と当初減算された期待損失を課税所得に加算するという仕組みです。

そして、こうした高リスクの社会貢献的投融資の状況を、政府から国民に発表するとともに、技術開発の状況も定期的に開示することで、銀行と社会の意識も高まり、銀行の社会からの評価も変わると思います。

個別企業の生産設備の更改により、投入エネルギー量を抑制するような取り組みは大切です。

しかし、私たちに求められているのは、「風景を一変させる」ぐらいの環境技術の躍進です。経済合理性の延長線うえでは十分な金融的リソースが得られない技術開発のために、これまでできなかったような金融の貢献がかなうシステムがこの政策案の主たる目的です。

（2） 社会の範たる銀行へ

経営哲学としての「道徳銀行」

イギリスの老舗銀行ホーアの例でも述べましたが、長期的な安定性の高い経営と、社会への貢献を両立するためには、高い志に基づく経営哲学が必要です。こうしたことは、いわれるまでもなく、経営理念や経営方針などのかたちをとって、経営哲学を確立している銀行がほとんどであるとは思います。しかし、資本市場からの圧力や、日々の他の金融機関との競合もあり、どこまで経営哲学が日常的な事業展開に浸透しているか疑問に感じることも多いでしょう。

仏教ファイナンスという枠組みのなかには、金融から経済主体への規律付けや、インセンティブ提供と、それを支える共生、利他、中庸などの理念などが網羅されていますが、同時に、銀行としての社会におけるあり方も含まれています。そこで、こうした基本的な理念を踏まえた経営哲学の例として、「道徳銀行」について紹介します。

私は大学を卒業して、地銀のような都市銀行の埼玉銀行に就職しました。埼玉県は日本の金融・経済の父ともよぶべき渋沢栄一[73]の地元ですが、埼玉銀行の現在の姿である埼玉りそな銀行本店には、いまも渋沢栄一の自署である扁額が飾られています。

その扁額には「道徳銀行」と書かれています。

まさに、バンカーとしての基本的精神を込めたものですが、銀行によれば「仁義道徳と

73　渋沢栄一は1840年現在の埼玉県深谷市の農家に生まれ、その後学問の才能を発揮し一橋慶喜に仕えたのを皮切りに、要職を務め欧州諸国で見聞を広めた後に、明治政府に招かれ大蔵官僚として国づくりに貢献。みずほ銀行の前身「第一国立銀行」の総監役（頭取）を務めたほか、東京証券取引所の設立をはじめ約500もの会社の誕生に関与した。

生産利殖とは元来ともに進むべきもの」、つまり、自由主義経済においては、法や商道徳の遵守が不可欠であるという教えがそえられていたということです。

金儲けよりも「社会万民の利益」を

渋沢栄一は、経営学の世界的権威であるピーター・ドラッカーから「企業の社会的責任を語れる第一人者だ」といわしめた人物です。渋沢は、「信用は大きければ大きいほど」大きな資本を活用することができるとして、信用の大切さを説きました。また、「大金持ちになるよりも社会万民の利益をはかる」生き方が有意義であるとも語りました。

これは「知足」と「利他」の発想そのものです。

日本では、名門企業の不正などが次々露呈されていますが、こうした不正などの事案は、経営陣の関与を問わず組織としての「空気」に影響されます。しっかりした経営哲学とそれに基づく経済人としての矜持をもって組織に向きあえば、きっと従業員1人ひとりに浸透するはずです。

知足の精神があれば、無理な利益追求はしません。利他と感謝の精神があれば、顧客をだますこと、従業員の人間性を奪う労働行為を強いること、取引業者に無理な条件を押しつけるようなことなどはないでしょう。誠実な心構えがあれば、好ましくない情報ほど真っ先に公表することになると思います。

こうした、仏教的な、あるいは日本的な素地こそが、「温かみのある経営」を成します。こうした銀行が姿勢を示せば、産業界にもよい影響が出ると、私は信じています。

おわりに

私には、子どもの頃からいまにいたるまで解決できない、それでも恥ずかしくて人に聞けない疑問がありました。それは、倹約と消費のジレンマです。節約や倹約は美徳であると教えられてきましたし、いまでも質素で節度をもった生活を心がけています。しかし、倹約に走る人が増えれば、消費が減って経済の循環がうまく回らなくなります。

経済規模が小さい時代であれば、環境のことを気にせず経済を中心に考えてもよかったかもしれません。江戸時代に、華美を極めた老中・田沼意次の治世から、倹約を重んじる松平定信による改革へと変わり、経済が一気に減速したことは、歴史の授業で習いましたが、江戸時代の消費規模は地球全体の再生循環にくらべれば小さかったわけで、その場合は経済政策を中心に考えればすんだ話だったのです。

しかし、産業革命以降の多消費化によって経済規模が急拡大し、地球環境と経済のバランスは逆転しました。そうなると、経済のことばかりを考えてもいられなくなります。

ただ、政治も経済も金融も、そのときに支配的なゲームのルールに基づいて動くため、経済と環境とのバランスを憂慮する人がいても、あるいはそうした人が多くなったとしても、流れを変えることはできません。

だからこそ、構造的に変えていくためには、経済や政治を動かす「テコ」のような役割をはたす存在が必要になります。そこで、「金融」にその役割を期待したのが本書です。

環境問題も格差も、きれいごとでは解消されません。

毒にも薬にもなる金融は、仕組みとしてうまくはたらけば、経済や社会を望ましい方向に向かわせる牽引力があります。金融を、忌み嫌われる存在から、未来を変える頼られる存在にする、その力を「仏教ファイナンス」に期待したいと思います。仏教の健全さから「ほどほど」「人のため」「超長期」に根差した日本の金融を確立し、かつて「日本的経営」を欧米企業がこぞって学んだように、世界を先導する日を心から望んでいます。

2016年9月　野﨑浩成

【参考文献】

Barbu, C. et al, "The Financial Crisis Impact on Ethical Financial Institutions," Annals of the University of Oradea: Economic Sciences, 3 (1), pp467-473, 2009

Faugere, Christophe, "Ruthless Compassion in Banking and Finance," Research in International Business and Finance Vol. 32, pp.106-121, 2014

Gaid, D. "How Finance has Lost its Dharma?" ESG Asia 2012 Special Report, pp16-17, 2012

Gorton, G. "Slapped in the Face by the Invisible Hand: Banking and the Panic of 2007," Yale University Working Paper, 2009

Hoare, Alexander, "Banking on Buddhist Economics: How Enduring Values Underpin a 300-year old Family Bank," The Brewery, Journal 1, Chapter 4, pp20-22, 2012

Iannaccone, Laurence R. and Feler Bose, "Funding the Faiths: Toward a Theory of Religious Finance," 'Handbook of the Economics of Religion,' (ed. Rachel McCleary), pp 323-342 Oxford University Press, 2011

Kippenberger, Tony. 'Leadership Styles: Leading 08.04 1st Edition,' Capstone Publishing, 2002

OECD "Labour Losing to Capital: What Explains the Declining. Labour Share," OECD Employment Outlook 2012

Reinhart, C. M. and K.S. Rogoff, "Banking Crisis; An Equal Opportunity Menace," NBER Working Paper No. 14587, 2008

Schumacher, E. F. 'Small Is Beautiful-Economics as if People Mattered,'Harper Perennial, 1989

Sucharow, Labaton, "Ethics & Action Survey: Voices Carry," Labaton Sucharow, 2012

ＥＦ・シューマッハー『スモール イズ ビューティフル再論』酒井懋 訳、講談社学術文庫、２０００年

ＥＦ・シューマッハー『混迷の時代を超えて——人間復興の哲学』小島慶三・斎藤志郎 訳、佑学社、１９８０年

相田みつを『にんげんだもの』文化出版社、１９８４年

芹川博通『経済の倫理—宗教に見る比較文化論』大修館書店、１９９４年

Ｎ・グレゴリー・マンキュー（足立英之ほか訳）「マンキュー入門経済学」東洋経済新報社、第２版２０１４年

井上信一『地球を救う経済学—佛教からの提言』、鈴木出版、１９９４年

岩井克人『会社はだれのものか』平凡社、２００５年

大渕憲一、佐藤弘夫、三浦秀一「現代日本人の価値観と伝統的思想：仏教、儒教、神道・国学の思想内容と調査項目の作成」東北大学文学研究科研究年報第58号、pp154-180、２００８年

大渕憲一、川嶋伸佳「日本の伝統的価値観尺度の作成：仏教、儒教、神道・国学思想に基づいて」東北大学文学研究科研究年報第73巻第１・２号、pp97-127、２００９年

大渕憲一、川嶋伸佳「現代日本人における仏教、儒教、神道・国学思想の受容：社会調査による分析」東北大学文学研究科研究年報第72巻第３・４号、pp101-122、２００９年

大渕憲一、川嶋伸佳「現代日本人による伝統的価値の受容：社会的属性との関連」東北大学文学研究科研究年報第73巻第３・４号、pp449-474、２０１０年

沖大幹、安形康、鼎信次郎、虫明功臣、猿橋崇央「気候変動を考慮した グローバルな水資源需給の将来」第6回水資源に関するシンポジウム論文集、2002年
小田亮『利他学』新潮社、2011年
川北稔編『歴史学事典［第1巻 交換と消費］』弘文堂、1994年
川辺秀美『空海ベスト名文』講談社、2014年
河邑厚徳『エンデの遺言――根源からお金を問うこと』日本放送出版協会、2000年
北村歳治・吉田悦章『現代のイスラム金融』日経BP社、2008年
北村行遠「近世における寺院金融の一考察」立正大学文学部論叢86号 pp43-67、1987年
岸田一隆『3つの循環と文明論の科学』エネルギーフォーラム、2014年
空海著、加藤精一編、『空海「即身成仏義」「声字実相義」「吽字義」』角川学芸出版、2013年
佐伯泉澄『弘法大師空海百話』東方出版、2014年
鈴木秀夫『超越者と風土』原書房、2004年
竹内信夫『空海の思想』ちくま新書、2014年
武井昭「シューマッハー――仏教経済学の論理とその構造」高崎経済大学論集第43巻第1号、pp1-16、2000年
ハーマン・E・デイリー『持続可能な発展の経済学』新田功ほか訳、みすず書房、2005年
永井一夫「大乗と小乗の世界：ブッダは何を教えたか 四つの真理と八正道」東方出版、2016年
中島圭一「中世京都における祠堂銭金融の展開」史學雑誌102（12）、pp2073-2105、1993年
中野瑞彦「ポスト平成不況の経済構造分析」桃山学院大学総合研究所紀要 第34巻第1号、pp131-146、

２００８年
ニーアル・ファーガソン「マネーの進化史」早川書房、２００９年
野田知彦・阿部正浩「労働分配率、賃金低下」『バブル／デフレ期の日本経済と経済政策』第6巻労働市場と所得分配、pp3-42、２０１１年
野﨑浩成『銀行』日本経済新聞社、（第2版）２００８年
野﨑浩成『トップアナリストがナビする金融のしくみと理論』同文館出版、２０１５年
野﨑浩成『すべてがわかる経済理論』税務経理協会、２０１５年
知的発見！探検隊著『あらすじとイラストでわかる密教』文庫ぎんが堂、イーストプレス、２０１３年
トマ・ピケティ（山形浩生ほか訳）「21世紀の資本」みすず書房、２０１４年
吉村文成「利息を禁止した宗教の知恵」国際文化研究11号、龍谷大学、pp43-58、２００７年
平岡聡「大乗経典の誕生：仏伝の再解釈でよみがえるブッダ」筑摩選書、２０１５年
藤田孝典『下流老人　一億総老後崩壊の衝撃』朝日新書、２０１５年
本田不二雄『弘法大師空海読本』原書房、２０１５年
松村嘉浩『なぜ今、私たちは未来をこれほど不安に感じるのか』ダイヤモンド社、２０１５年
安原和雄『足るを知る経済――仏教思想で創る二十一世紀と日本』毎日新聞社、２０００年
柳沢哲哉「聖書が禁じ、協会が認めた歴史　神と人の綱引きが定める水準（世界史を動かす　聖書と金利）」週刊エコノミスト２０１５年6月2日号、毎日新聞社、pp24-25
和辻哲郎『風土――人間学的考察』岩波文庫、１９７９年

成長神話という煩悩からいかにして金融は解脱すべきか

発行日　2016年10月15日　第1刷

Author	野﨑浩成
Book Designer	川添英昭
Publication	株式会社ディスカヴァー・トゥエンティワン 〒102-0093 東京都千代田区平河町2-16-1 平河町森タワー11F TEL 03-3237-8321（代表）　FAX 03-3237-8323 http://www.d21.co.jp
Publisher	干場弓子
Editor	林秀樹
Marketing Group Staff	小田孝文　井筒浩　千葉潤子　飯田智樹　佐藤昌幸　谷口奈緒美　西川なつか　古矢薫　原大士　蛯原昇　安永智洋　鍋田匠伴　榊原僚　佐竹祐哉　廣内悠理　梅本翔太　奥田千晶　田中姫菜　橋本莉奈　川島理　渡辺基志　庄司知世　谷中卓
Assistant Staff	俵敬子　町田加奈子　丸山香織　小林里美　井澤徳子　藤井多穂子　藤井かおり　葛目美枝子　伊藤香　常徳すみ　鈴木洋子　片桐麻季　板野千広　阿部純子　山浦和　住田智佳子　竹内暁子　内山典子
Productive Group Staff	藤田浩芳　千葉正幸　原典宏　三谷祐一　石橋和佳　大山聡子　大竹朝子　堀部直人　井上慎平　林拓馬　塔下太朗　松石悠　木下智尋
E-Business Group Staff	松原史与志　中澤泰宏　中村郁子　伊東佑真　牧野類　伊藤光太郎
Global & Public Relations Group Staff	郭迪　田中亜紀　杉田彰子　倉田華　鄧佩妍　李瑋玲　イエン・サムハマ
Operations & Accounting Group Staff	山中麻吏　吉澤道子　小関勝則　池田望　福永友紀
Proofreader & DTP	株式会社T&K
Printing	三省堂印刷株式会社

ISBN978-4-7993-1979-6